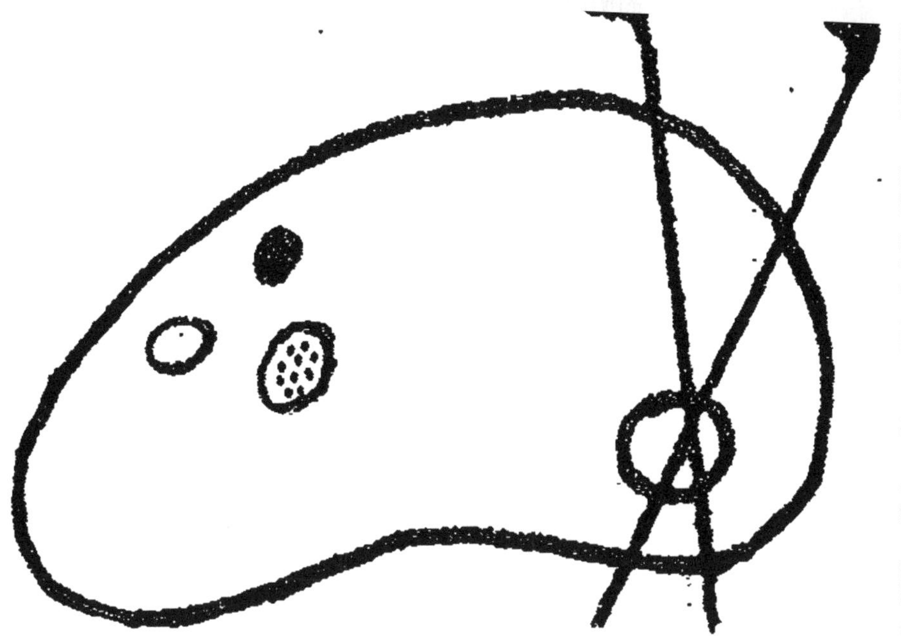

Couvertures supérieure et inférieure
en couleur

RECTO ET VERSO

A TRAVERS L'AFRIQUE AUSTRALE

PAR

JULES LECLERCQ

MEMBRE COLLABORATEUR DE LA SOCIÉTÉ IMPÉRIALE RUSSE DE GÉOGRAPHIE

MEMBRE CORRESPONDANT DE LA SOCIÉTÉ IMPÉRIALE DE GÉOGRAPHIE DE VIENNE

ET DE LA SOCIÉTÉ AMÉRICAINE DE GÉOGRAPHIE

OUVRAGE ACCOMPAGNÉ DE GRAVURES ET D'UNE CARTE

PARIS

LIBRAIRIE PLON

E. PLON, NOURRIT et Cie, IMPRIMEURS-ÉDITEURS

RUE GARANCIÈRE, 10

1895

Tous droits réservés

A TRAVERS
L'AFRIQUE AUSTRALE

L'auteur et les éditeurs déclarent réserver leurs droits de reproduction et de traduction en France et dans tous les pays étrangers, y compris la Suède et la Norvège.

Ce volume a été déposé au ministère de l'intérieur (section de la librairie) en février 1895.

OUVRAGES DU MÊME AUTEUR :

Voyage au mont Ararat. Plon, éditeur, 1892. Un vol. in-18 avec carte et gravure. Prix : 4 fr.

Du Caucase aux monts Alaï. *Transcaspie, Boukharie, Ferganah.* Plon, éditeur, 1890. Un vol. in-18 avec carte. Prix : 3 fr. 50

La Terre des merveilles. *Voyage au parc national de la Yellowstone.* Hachette et Cⁱᵉ, éditeurs, 1886. Un vol. avec 40 gravures et 2 cartes. Prix : 4 fr.

Voyage au Mexique. *De New-York à Vera-Cruz par terre.* Hachette et Cⁱᵉ, éditeurs, 1885. Un vol. avec 37 gravures et 1 carte. Prix : 4 fr.

La Terre de glace. *Féroë, Islande, les Geysers, le mont Hékla.* Plon, éditeur, 1883. Un vol. avec gravures et cartes. Prix : 4 fr.

Voyage aux îles Fortunées. *Le Pic de Ténériffe et les Canaries.* Plon, éditeur, 1880. Un vol. in-18. Prix : 3 fr.

Un été en Amérique. *De l'Atlantique aux montagnes Rocheuses.* 2ᵉ édit. Plon, éditeur, 1886. Un vol. in-18 avec gravures. Prix : 4 fr.

De Mogador à Biskra. *Maroc et Algérie.* Challamel, éditeur, 1881. Un vol. Prix : 3 fr. 50.

Le Tyrol et le pays des Dolomites. Quantin, éditeur, 1880. Un vol. Prix : 3 fr.

Promenades et escalades dans les Pyrénées. Mame, éditeur, 1876.

Voyages dans le nord de l'Europe. Mame, éditeur, 1875.

Le Caucase glacé. D'après F.-C. Grove. Quantin, éditeur, 1881.

Mythologie scandinave. D'après Anderson. Leroux, édit., 1886.

Au pays de Paul et Virginie. *(Sous presse.)*

PARIS. TYP. DE E. PLON, NOURRIT ET Cⁱᵉ, 8, RUE GARANCIÈRE. — 166.

A TRAVERS
L'AFRIQUE AUSTRALE

PAR

JULES LECLERCQ

MEMBRE COLLABORATEUR DE LA SOCIÉTÉ IMPÉRIALE RUSSE DE GÉOGRAPHIE

MEMBRE CORRESPONDANT DE LA SOCIÉTÉ IMPÉRIALE DE GÉOGRAPHIE DE VIENNE

ET DE LA SOCIÉTÉ AMÉRICAINE DE GÉOGRAPHIE

OUVRAGE ACCOMPAGNÉ DE GRAVURES ET D'UNE CARTE

PARIS

LIBRAIRIE PLON

E. PLON, NOURRIT et Cie, IMPRIMEURS-ÉDITEURS

RUE GARANCIÈRE, 10

1895

Tous droits réservés

A TRAVERS
L'AFRIQUE AUSTRALE

I

DANS L'HÉMISPHÈRE AUSTRAL

La durée réglementaire du voyage de South-
ampton au cap de Bonne-Espérance est de dix-
neuf jours. Des paquebots à marche rapide,
tels que *le Scott*, de l'*Union Line*, ont déjà fait
en quatorze jours ce trajet de 5984 milles. Mais
le Drummond Castle sur lequel je m'étais embar-
qué n'est pas un des premiers chevaux de course
de l'Océan, et il lui fallut vingt jours pour arriver à destination. Vingt jours, c'est peu encore,
si l'on songe que ce n'est que depuis 1872 que
la navigation à vapeur relie l'Afrique Australe à
l'Europe, et qu'antérieurement le voyage par voilier prenait cent jours.

J'ai eu le temps de faire un peu de statistique

pendant les loisirs de la traversée, et j'ai trouvé que, pour parcourir la route de Londres au Cap, mon paquebot, qui avait cent et vingt mètres de long, devait franchir cent mille fois sa longueur, cette longueur étant franchie trois fois en une minute. Très éloquente, cette petite statistique, qui montre qu'un navire, si gigantesque qu'il soit, n'est, sur le vaste Océan, qu'un point imperceptible. Mais combien puissant cet être minuscule, l'homme, inventeur de ces merveilleux palais flottants, les Transatlantiques, dont la marche est réglée avec une précision si mathématique que d'un voyage à l'autre ils ne dévient jamais de leur course que d'un ou deux milles !

Le vingtième jour donc, à neuf heures du matin, la terre fut signalée, la terre des Cafres et des Hottentots. A midi, nous entrions dans *Table Bay*, l'immense baie de la Table, souvent comparée à la baie de Naples, avec laquelle elle rivalise de grandeur et de beauté. Nous dépassions Robben Island, l'île où l'on confine les lépreux, nous voyions s'allonger à gauche la grande chaîne bleuâtre des monts Hottentots, et surgir en face, dans sa solitaire grandeur, *Table-Mountain,* le Mont de la Table, un des plus imposants massifs du globe, qui doit son nom à sa cime en forme de table, haute de 1.000 mètres. Au pied de cette formidable muraille verticale, *Cape-Town,* la ville du Cap, est couchée entre une mer d'azur et un ciel d'azur, sur un magnifique promontoire qui forme l'extrémité méridionale du continent noir.

Quand la Santé eut constaté qu'il n'y avait à bord aucun cas de variole, tous les passagers ayant été vaccinés en cours de route, j'eus hâte de descendre sur cette terre où débarqua, en 1652, le Hollandais Jean Van Riebeek. Si le pays a bien changé depuis cette date lointaine, le type des indigènes est resté le même. Le premier individu qui s'offre à nos regards est un Cafre pur sang, à la peau d'ébène, à la toison laineuse, qui s'empare de mon petit bagage et le porte à la douane. Une douane entre l'Angleterre et une terre anglaise ! J'avoue que je n'y avais guère pensé, oubliant que la colonie du Cap est autonome, tout comme le Canada, l'Australie et la Nouvelle-Zélande. Dame Douane me l'apprit à mes dépens, en me demandant si j'avais des armes à feu : je déclarai un revolver, qui fut taxé six shillings, le tiers de la valeur. Je m'exécutai d'assez mauvaise grâce, et le douanier me rit au nez, me trouvant bien naïf de déclarer une arme qui se met en poche.

Délivré des ennuis de la Santé et de la Douane, me voici enfin libre d'aller au gré de ma fantaisie. J'avise une voiture exactement semblable aux *Hansome cabs* de Trafalgar Square, sauf qu'elle est peinte en blanc, en vue du soleil d'Afrique, et que le cocher est noir. Ma première course est au bureau du câble télégraphique, d'où je lance une dépêche qui me coûte onze francs par mot. C'est un peu cher, mais j'imagine que dans trois ou quatre heures mon style télégraphique aura comblé de joie ma famille que j'ai laissée si triste dans l'autre hémisphère.

Le cœur allégé après ce devoir accompli, me voici au *Royal Hôtel*, situé au centre de la ville, dans une des rues les plus mouvementées. La maison est fort vieille, et le salon du rez-de-chaussée possède une antique cheminée monumentale, style Louis XV, qu'on n'est pas peu surpris de trouver dans une jeune ville anglaise, à deux mille lieues de l'Europe. C'est que cette maison fut autrefois la demeure de quelque patricien d'Amsterdam, à l'époque lointaine où la puissante compagnie hollandaise des Indes-Orientales était établie au Cap. Dans le vestibule est installé le *bar*, l'inévitable bar cher aux Anglo-Saxons, où trône une majestueuse fille d'Albion, qui distribue du matin au soir l'ale et le whiskey. J'occupe, au premier étage, une chambre très petite, dont la fenêtre à guillotine s'ouvre sur une longue cour étroite et humide, le long de laquelle règnent des vérandas peuplées de perroquets et de canaris du Cap. Malgré son nom pompeux, le *Royal Hôtel* est une déception : les chambres sont petites, mal meublées, mal éclairées, la table médiocre, les vins chers et mauvais, et l'on ne doit point s'étonner de n'y trouver ni confort ni propreté quand on sait que le service est fait par des hommes noirs. Dans toute l'Afrique Australe il en sera de même ; on m'en a prévenu. Aussi beaucoup d'étrangers préfèrent-ils descendre au club.

Puisque mon gîte est mauvais, allons courir la ville.

Ce qui me frappe tout d'abord en parcourant les rues à pied, c'est l'épaisse couche de boue sur laquelle on patauge : pour passer d'un trottoir à l'autre, il faut s'engluer dans des bourbiers que tous les feux du soleil d'Afrique ne parviennent pas à dessécher. C'est que nous sommes dans la saison des pluies, et qu'à Cape-Town les pluies persistent pendant des semaines entières. J'ai débarqué au moment où un de ces interminables déluges vient de finir, et il paraît qu'il fera beau pendant quelques jours jusqu'au prochain déluge. Dans l'hémisphère austral, les saisons sont renversées : le mois de juin correspond à notre mois de décembre. Je suis donc arrivé au cœur de l'hiver, aux jours les plus courts de l'année, et je vois le soleil se coucher ici trois heures plus tôt qu'il ne se couchait lorsque j'ai quitté l'Europe, il y a trois semaines. Et par un de ces brusques sauts d'idées qu'amènent souvent les souvenirs de voyage, je me rappelle qu'à l'autre bout du monde, au delà du cercle polaire arctique, j'ai vu le soleil à minuit à cette même épo-

que de l'année. Frappant contraste entre le cap
Nord et le cap de Bonne-Espérance, placés aux
deux extrémités de la terre !

Nous sommes donc dans l'hiver austral. Et
pourtant le soleil a, au milieu du jour, les ar-
deurs d'un soleil d'été, mais telle est la froidure
des nuits qu'on ne peut dormir sans une chaude
couverture de laine. Dans les appartements, on
peut, à la rigueur, se passer de feu, le thermomè-
tre variant entre quinze et dix-sept degrés : aussi,
la plupart des maisons n'ont point de cheminées; pour les chauffer, point n'est besoin de
poëles : il suffit, à l'heure où le soleil luit,
d'ouvrir la fenêtre qui sert de bouche de calori-
fère.

C'est une des singularités de ce climat, qu'à
température égale on y est plus frileux qu'en
Europe. Le jour même de mon débarquement,
j'ai appris à mes dépens combien perfide est l'hiver du Cap. Voulant tout de suite me faire une
idée de la topographie de la ville, j'ai gravi jusqu'à mi-côte la montagne de la Table. Le ciel
était si bleu, le soleil si ardent, que je n'avais
nullement songé à me munir de mon manteau.
Après le coucher du soleil, très brusquement l'air
s'est refroidi. J'ai eu un frisson mauvais, immédiatement suivi d'une courbature aiguë dans les
reins. J'ai descendu la montagne en courant et
suis rentré en ville à la nuit close, transi et fiévreux : tous les caractères de l'influenza chassée

au départ de l'Europe et revenue au galop à l'autre bout du monde.

Conclusion : sous ce ciel trompeur, n'oublions plus notre pardessus !

II

CAPE-TOWN

Après avoir contemplé de loin la capitale de la colonie du Cap, il nous faut maintenant la regarder de près. Disons tout de suite que l'impression est peu favorable : c'est l'avis de tous les voyageurs, c'est aussi le nôtre. Cape-Town, comme Naples et Constantinople, gagne à être vue de la mer : c'est, dans un site d'une merveilleuse beauté, la ville la plus laide, la plus mesquine, la plus embryonnaire qui se puisse imaginer. Quand on songe que le territoire de la colonie du Cap est presque le double du territoire de la France, on peut s'étonner que la capitale du pays, fondée au dix-septième siècle, ne compte qu'une population de 40.000 âmes, alors que Melbourne et Sydney, fondées deux siècles plus tard, ont pris un si prodigieux développement. Le fait est qu'à Melbourne et à Sydney les blancs sont chez eux, tandis qu'à Cape-Town ils sont en face des noirs : pour s'en convaincre, il suffit d'une promenade dans les rues ; on s'aperçoit tout de suite que le noir est ici chez lui, car on le rencontre partout, même dans le quartier des affaires. Or, les blancs n'émigrent guère vers les contrées où ils ont à soutenir la concurrence du travail noir. Ville rudimentaire, à peine ébauchée, Cape-Town a de grands espaces vides attendant leurs constructions futures, des édifices isolés, surgissant loin les uns des autres, des maisons sans étage, comme on en voit dans les villes nées d'hier, des rues boueuses, mal empierrées, bordées de primitifs trottoirs en planches. Les rues se coupent à angle droit : trois ou quatre grandes artères partent de la baie pour aboutir à la base de la montagne, et sont traversées par des rues de moindre largeur, courant de l'est à l'ouest. Ce ne sont point les colons anglais, comme on pourrait le croire, qui ont conçu ce rigide tracé d'une régularité géométrique chère à leurs cousins d'Amérique : la ville actuelle est bâtie sur le même plan que celle édifiée par les premiers colons, les Hollandais, et leurs successeurs anglo-saxons, en construisant des rues nouvelles, n'ont rien modifié à leur orientation primitive.

En voyage, il faut attacher une grande importance à l'aspect des habitations. Un esprit investigateur peut émettre des inductions philosophiques sur les tendances et le caractère d'un peuple en observant comment il bâtit. Puisque nous en sommes à l'architecture, faisons, en passant, une remarque qui n'eût pas échappé à la sagacité de Darwin, car elle montre d'une manière frappante l'influence des milieux. Les habitants de Cape-Town ayant constamment sous les yeux une montagne aplatie, dont le profil terminal coupe le ciel en ligne droite et horizontale, ne voient plus autre chose que cette ligne droite et horizontale. Leurs maisons sont autant de miniatures de Table Mountain : ce ne sont partout que toits plats et terrasses horizontales, et cette absence de pignons donne à la ville une physionomie mauresque très accentuée. Les maisons sont généralement de la même hauteur, et les clochers ne s'élèvent guère au-dessus du niveau de la ligne des toitures. Il n'est pas jusqu'aux arbres ombrageant les rues dont les cimes ne soient nivelées et coupées en ligne droite, mais moins cette fois sous l'influence du milieu que sous l'influence des vents du sud-est. Ceux qui aiment le nivellement doivent être heureux ici.

Les vieilles maisons hollandaises construites il y a un siècle — et elles sont nombreuses encore — s'écartent seules de la monotonie générale de la ville : leurs vastes et solides façades, avec leurs *stoeps*, vieux perrons tels qu'on en voit le long des canaux d'Amsterdam, contrastent heureusement avec les constructions modernes par leur originalité architecturale et aussi par leur intérêt historique. Plus d'une de ces antiques demeures seigneuriales, dont le *Royal Hôtel* offre un spécimen, portent encore les noms des *Heeren* qui les occupèrent autrefois ; mais ces vénérables vestiges ne tarderont pas à disparaître, comme a disparu la fenêtre sur laquelle le capitaine Cook avait gravé son nom lors de son dernier voyage autour du monde. Sur les anciennes gravures qui représentent *Kapstad* — l'ancien nom de Cape-Town, — on voit un grand canal bordé de chênes, qui donnait à cette ville une physionomie hollandaise. Ce canal, aujourd'hui comblé, est devenu *Adderley Street*, le Strand de l'endroit. Très animée, cette large artère, qui s'appelait jadis, en hollandais, la *Heeren Gracht*, et qui porte aujourd'hui le nom d'un ancien gouverneur de la colonie, sir Charles Adderley. Là sont les somptueux magasins, les *stores* anglais qui ont remplacé les *winkels* de la Heeren Gracht, la Bourse, la gare du chemin de fer, la Cour suprême, les bureaux des compagnies de navigation à vapeur, *Union* et *Castle*, les maisons de banque, parmi lesquelles le *Standard Bank* se fait remarquer par son luxe d'architecture.

Si l'on préfère le calme au bruit des affaires, il faut aller à *Government Avenue*, qui est le prolongement d'Adderley Street. Cette avenue est belle comme un rêve. Le gouverneur Van der Stell y planta, il y a deux siècles, deux rangées de chênes qui, sous le beau ciel du Cap, ont atteint une taille gigantesque. En hiver, ces arbres majestueux sont dépouillés de leurs feuilles, mais on peut s'imaginer ce qu'ils doivent être en été, lorsqu'ils forment un tunnel de feuillage de plus d'un kilomètre de longueur. Ni les Cascine de Florence, ni l'Alameda de Grenade ne doivent offrir aux promeneurs de plus charmants ombrages. Government Avenue n'a pas seulement ses chênes séculaires, elle a encore des jardins d'une beauté sans pareille, d'un côté les *Municipal Gardens*, de l'autre le parc du palais du gouverneur général.

Les *Municipal Gardens* sont le jardin botanique du cap de Bonne-Espérance. A l'origine, au temps de la Compagnie des Indes Orientales, on y cultivait les fruits et les légumes destinés à l'approvisionnement des flottes hollandaises qui se ravitaillaient au Cap. Aujourd'hui les potagers se sont transformés en un jardin d'acclimatation sur le plan de ceux d'Alger, de Ténériffe, de Port-Natal, des Pamplemousses. Ce jardin est unique au monde, car il n'en est point où l'on trouve réunis, comme ici, à côté des espèces indigènes, tous les produits de la flore exotique, à quelque latitude qu'ils appartiennent. C'est merveille de voir nos arbres du Nord y croître à côté de ceux de la zone torride, le chêne auprès du palmier, le pin auprès du camphrier, l'orme auprès du deodar de l'Himalaya, le tilleul auprès de l'araucaria de Norfolk. Nos arbres fruitiers d'Europe, pommiers, poiriers, pêchers, s'accommodent du voisinage des orangers, des bananiers et des manguiers, et l'on voit s'épanouir à ciel ouvert les azalées et les camélias à côté des roses et des violettes. Quel splendide abrégé de la flore des cinq parties du monde ! Les mots me manquent pour décrire l'aspect tout à fait grandiose de l'allée centrale, qu'ombragent les géants de la végétation arborescente, le *magnolia*, le *laurus camphora*, le *coco plumosa*, et surtout le gigantesque *eucalyptus globulus*, qui atteint ici des dimensions phénoménales : j'en ai vu un dont le tronc, mesurant six mètres de diamètre, s'élance à soixante-dix mètres du sol. Cet arbre, importé d'Australie, s'acclimate admirablement sous la latitude du Cap, qui est celle de Sydney. Mais ce qui me surprend le plus, je le dis encore, c'est de voir ces arbres des tropiques se porter si bien à côté des arbres de la Norwège ou du Canada, qui jouissent, eux aussi, d'une santé excellente. Étrange climat qui commet de telles contradictions ! Étrange ! étrange !

L'homme qui a conçu les plans de ces admirables jardins méritait une statue ; cette statue a été érigée par souscription publique à l'entrée même de l'allée centrale : elle représente sir George Grey, qui fut gouverneur de la colonie de 1854 à 1861. Le rêve de Grey était de faire de Cape-Town une capitale digne de cette grande colonie de l'Afrique du Sud, qui venait d'être admise, en 1853, à se gouverner elle-même : il

voulait la doter d'un palais législatif, d'une université, d'un musée, d'une bibliothèque publique;
il fonda la bibliothèque en faisant don à la colonie de sa superbe collection de livres et de manuscrits rares et précieux. Si l'excentrique, mais
généreux gouverneur vivait encore, il aurait la
satisfaction de voir ses rêves en partie réalisés :
le long des jardins où se dresse sa statue s'élèvent aujourd'hui un palais législatif, une galerie
des beaux-arts, un musée sud-africain, germe
de la future université où, comme le disait Grey,
la jeunesse de la colonie ira s'initier aux sciences
qui pourront contribuer au progrès des peuples
de l'intérieur du vaste continent noir.

A chaque visite que j'ai faite à la bibliothèque,
j'y ai trouvé un public nombreux et assidu. J'ai
toujours été frappé de l'importance que les colonies anglaises attachent à la possession d'une
bonne bibliothèque. Il n'est si petite ville en
Afrique Australe qui n'ait la sienne : elles peuvent
manquer de toute autre. chose, mais elles ne
manqueront jamais d'une bibliothèque et d'une
librairie bien fournies, où l'on peut acheter des
livres au même prix qu'à Londres. A Cape-Town
la bibliothèque occupe un des plus jolis édifices
de la ville, conçu dans cet austère style grec qui
convient si bien à un temple de la science. La
collection de sir George Grey fait honneur à la
munificence de cet homme d'État : elle contient
cinq mille volumes, parmi lesquels des manus-

crits d'une grande rareté, entre autres des co-
pies manuscrites des œuvres de Tite-Live et de
Jules César. Il y a aussi de vieilles bibles enlu-
minées, un missel qui appartint à Marguerite de
Valois, et encore deux vieilles cartes qui portent
les dates de 1489 et 1546, et qui toutes deux indiquent les lacs de l'Afrique Centrale, que nos
récents explorateurs n'ont fait que retrouver.
Mais l'intérêt spécial de cette bibliothèque se
trouve dans une très riche collection d'ouvrages
imprimés et manuscrits relatifs aux peuples de
l'Afrique et aux langues indigènes, entre autres
les lettres et les vocabulaires inédits de Livingstone, documents que complète une curieuse collection de photographies représentant tous les
types indigènes de l'Afrique Australe, depuis les
Bushmen et les Hottentots jusqu'aux Zoulous et
aux Matabélés. La salle de lecture est décorée de
deux grands tableaux devant lesquels je me suis
arrêté, non à cause de leur valeur artistique,
mais parce qu'ils représentent des scènes offrant
un intérêt d'histoire locale : le débarquement au
Cap du Hollandais Van Riebeek et du Portugais
Bartholomeo Diaz. C'est le cas de répéter le
mot : « *Sic vos non vobis !* »

Le musée se trouve sous le même toit que la
bibliothèque, en sorte que l'on ne peut quitter
l'un sans faire une visite à l'autre. Le directeur
du musée sud-africain, M. Roland Trimen, m'a
rappelé le célèbre naturaliste Alfred Russel Wal-

lace, dont il a non seulement les traits, mais aussi la majestueuse barbe blanche : qu'on explique le fait comme on voudra, j'ai été souvent frappé de la ressemblance physique des savants, et surtout des savants anglais. M. Trimen est connu depuis longtemps non seulement dans le monde scientifique, mais aussi dans le monde des voyageurs : son nom est cité par tous les étrangers qui, depuis trente ans, ont visité le Cap. Il aime à leur montrer son musée, auquel il est attaché depuis la fondation de l'établissement, en 1855. Dans ces derniers temps, il s'est adjoint, comme *assistant curator*, un jeune naturaliste français de grand mérite. M. Peringuey, dont l'accent trahit un pur Bordelais. Le musée contient une collection très complète de la faune sud-africaine, depuis les géants des forêts, des déserts et des fleuves, éléphants, girafes, hippopotames, jusqu'aux plus mignons oiseaux et aux plus petits insectes : on peut faire là un cours complet de zoologie comprenant des centaines d'espèces de mammifères, de reptiles, d'oiseaux, de poissons, d'amphibies. Quant aux insectes, on en a réuni plus de vingt mille individus. Parmi les espèces fossiles de l'Afrique Australe figure le gigantesque reptile que le professeur Seely a exhumé tout récemment sur le plateau du Karou. L'anthropologie africaine est représentée par une collection de crânes de différentes races, parmi lesquels celui des Bushmen se fait remarquer par son extrême petitesse ; à côté des crânes humains figure celui du gorille, et la comparaison n'est guère à l'avantage de certaines races noires. Il y a de tout dans ce musée, même une collection ethnographique comprenant les armes et les produits de l'industrie des sauvages de l'Afrique, depuis l'arc et les flèches du Bushman jusqu'aux instruments de musique des tribus du Zambèse. M. Trimen a bien voulu m'offrir la primeur d'une nouvelle vitrine qui n'était pas encore ouverte au public : on y voit une collection absolument unique d'objets de toute nature qui ont été trouvés dans les ruines de Zimbabwe, en Mashonaland, récemment explorées par l'Anglais Théodore Bent, qui croit y avoir reconnu les ruines d'un établissement phénicien. Que ces ruines soient réellement phéniciennes, et que Zimbabwe ne soit ni plus ni moins que le pays d'Ophir où Salomon chercha son or, la thèse est très discutable ; mais ce qui est certain, c'est qu'un peuple disparu y recherchait et y exploitait l'or, puisque parmi les objets que m'a montrés M. Trimen, se trouvent des creusets en terre, des fragments de fournaise ayant servi à la fusion du métal précieux, des moules à lingots d'une pierre particulière connue sous le nom de *soapstone*, une tête de lance en bronze portant encore des traces de dorure ; il y a aussi des cylindres, des emblèmes phalliques, des oiseaux emblématiques qui semblent représenter l'aigle, et surtout un très curieux bol autour duquel sont sculptées des figures, un homme et un chien, des zèbres, des oiseaux. Tous ces objets sont taillés dans cette même pierre dont sont faits les moules à lingots. A côté de ces troublants vestiges d'une civilisation disparue figurent des objets en fer et en bronze qui semblent d'une origine et d'une époque plus récente : ce sont des cloches en fer, simples ou accouplées, telles qu'on en voit aujourd'hui encore chez certains peuples du Congo, des ciseaux, des bêches, des haches en fer, des têtes de lance en bronze. Cette vitrine, qui ouvre un champ si vaste aux hypothèses, sera certainement, lorsqu'elle sera inaugurée, le « clou » du musée sud-africain. Car tout le monde me parle ici des ruines de Zymbabwe et me conseille d'aller les voir. Je n'hésiterais pas si le voyage n'était si long.

J'ai rencontré chez M#super#gr Léonard un jésuite allemand, le père Andréas Hartmann, célèbre par ses travaux sur les Matabélés, dont il connaît admirablement les mœurs et surtout la langue, pour avoir résidé chez eux pendant plusieurs années (1). Il a exploré Zymbabwe, dont le nom

(1) Le père Andréas Hartmann est l'auteur d'une grammaire de la langue des Matabélés. Sur ce peuple, que la guerre contre le roi Lobengula a mis en relief, on lira le bel ouvrage des deux courageux missionnaires belges, les pères Depelchin et Croonenbergs : *Trois ans au pays des Matabélés.*

signifie, dans la langue du pays, « palais de pierre, forteresse ». A l'encontre de l'opinion commune, qui assigne à ces ruines une origine phénicienne, il croit qu'elles sont tout simplement d'origine indigène, car aucun document n'atteste qu'une race blanche ait jamais séjourné dans ce district. C'est une race noire très civilisée qui aurait érigé ces constructions. Peut-être les bibliothèques arabes pourraient-elles donner la clef de l'énigme.

M#sup#gr Léonard, dont je viens de citer le nom, est ici une des figures les plus en vue : un Irlandais au cœur chaud, ayant l'œil vif et spirituel de sa race. Sur cette fine physionomie celtique, encadrée de cheveux blancs, brille la franchise et l'énergie, et aussi une bonté, une simplicité douce qui vous séduit dès l'abord, et qui fait que l'évêque catholique a su conquérir popularité et respect même dans le monde protestant. Quoiqu'il n'ait que soixante-quatre ans, les fatigues de l'apostolat, qui n'est pas une sinécure sur cette âpre terre d'Afrique, ont labouré ses traits de rides profondes. Ce n'est pas un petit diocèse que le sien : un territoire de 82.000 milles carrés, comprenant des îles perdues dans l'Océan, telles que Sainte-Hélène et l'Ascension, qui ne reçoivent la visite d'un prêtre que tous les quatre ou cinq ans : car ce diocèse, cinq fois plus grand que la Belgique, n'est desservi que par dix-sept prêtres. Quoi qu'il soit presque toujours en voyage, c'est à peine si le vaillant évêque peut visiter de loin en loin ses ouailles. Les dix mille catholiques de la colonie sont presque tous Irlandais : on en compte deux mille cinq cents à Cape-Town. Les noirs se convertissent peu au catholicisme : on n'en compte que quelques centaines. Parmi les sectes protestantes, ce sont les réformés hollandais qui comptent le plus d'adhérents, en raison des origines de la colonie. Les Malais sont mahométans; les Cafres sont, pour la plupart, restés attachés à leurs pratiques païennes.

Nous voilà bien loin du musée sud-africain. Pour achever de nous instruire des choses de la science, allons à l'observatoire, qui n'est ni la moins ancienne ni la moins célèbre des institutions scientifiques de Cape-Town. Le cap de Bonne-Espérance est une des plus remarquables stations du globe pour les observations astronomiques et météorologiques, et depuis longtemps on en a reconnu les avantages. Dès le dix-septième siècle, les jésuites attachés à l'expédition scientifique que la France envoya à Siam y eurent une station temporaire et y firent les premières observations. Au dix-huitième siècle, un autre savant français, le célèbre abbé La Caille, y passa de nombreuses années et y mesura l'arc du méridien. Les astronomes qui accompagnaient le capitaine Cook dans son second voyage autour du monde y firent également des observations. Mais c'est surtout l'illustre John Herschel qui consacra définitivement la réputation du Cap comme station astronomique. Bien qu'il ait fait un long séjour dans la colonie, il ne fut jamais, toutefois, attaché officiellement à l'observatoire du Cap. Il supporta tous les frais de son expédition. Mais c'est à la puissante influence dont il jouissait en Angleterre que l'observatoire dut d'être doté des instruments qui en font aujourd'hui une institution scientifique de premier ordre.

Le D*r* David Gill est aujourd'hui, en sa qualité d'*astronome royal*, le digne continuateur de ces héros de la science, et c'est lui qui a bien voulu me faire les honneurs de l'observatoire que l'Angleterre a fondé ici en 1820. L'établissement se trouve à une assez grande distance de la ville, au milieu d'un grand jardin créé dans un terrain marécageux, non loin de la mer. Le D*r* Gill, dont les travaux ont depuis longtemps illustré le nom dans le monde scientifique, a, dans ces dernières années, entrepris la tâche de photographier les étoiles de l'hémisphère Sud et d'en dresser un catalogue qui complétera les travaux poursuivis par le comité du Congrès astro-photographique tenu à Paris en 1887. Son télescope photographique est une merveille de délicatesse et de précision. Pour suivre le mouvement des étoiles pendant le temps de l'exposition de la plaque sensible, on a adapté à l'instrument équatorial un mouvement d'horlogerie dont la marche, au lieu d'être intermittente comme celle d'un pendule ordinaire, est d'une régularité constante; la réfraction de l'air doit entrer en ligne de compte dans le problème, un des plus compliqués qu'ait résolus la science de la mécanique : c'est l'électricité qui règle le mouvement, obéissant à la fois à l'horloge astronomique et à la pression de la main de l'observateur. Cette ingénieuse application de la photographie à l'astronomie donne des résultats surprenants : la photographie détermine la position moyenne des étoiles, enregistre les scintillations, nous révèle d'une façon permanente tous les secrets du télescope. Le docteur m'a très gracieusement offert une de ses admirables photographies de la voie lactée. La netteté de l'image varie suivant la durée de l'exposition de la plaque sensible : une exposition de cinq minutes ne donne qu'une image confuse, tandis qu'une exposition de douze heures, divisée entre quatre nuits consécutives, donne une image d'une telle précision qu'on y peut compter les deux cent mille étoiles qu'embrasse un champ de quatre degrés carrés s'étendant autour de η Argus : au milieu de ce champ, mon œil s'est arrêté, stupéfait, sur un espace noir, « *black hole,* » comme dit le docteur, un vide non piqué de blanches nébuleuses, un désert du ciel, pour emprunter une comparaison à notre monde terrestre, qui devient si petit, si petit, en face de ces effrayantes immensités des espaces célestes.

Décrirai-je l'héliomètre que M. Gill m'a présenté comme le plus parfait qui existe, et dont il s'est servi pour l'observation de Victoria, Sapho, Iris et pour la détermination de la parallaxe du soleil et de la masse de la lune ? J'aime mieux laisser ce soin à ceux qui sont plus experts que moi en ces choses. J'ai passé, sans le vouloir, près de deux heures chez le Dr Gill, qui n'est pas seulement un savant de premier ordre, mais aussi un aimable et spirituel causeur.

Dans un pays neuf comme le Cap, les curiosités archéologiques n'abondent guère. Il y a pourtant à Cape-Town un vieux vestige auquel se rattachent les premiers faits de l'histoire de la colonie : c'est l'antique château que les Hollandais érigèrent au dix-septième siècle au bord de la baie, à l'endroit même où Van Riebeek, à peine débarqué, avait construit un blockhouse entouré de palissades. Le blockhouse devint plus tard une forteresse en pierre, entourée de murs épais et de fossés, type des citadelles pentagonales de l'époque. Cette forteresse, qui repoussa plus d'une attaque des Cafres et des Hottentots, ne saurait tenir vingt-quatre heures contre l'artillerie moderne, et n'a plus d'autre utilité que de servir au casernement d'une partie des troupes impériales. Le château est une construction basse et massive, qui n'a de pittoresque que la porte d'entrée, au fronton en pierre orné du lion néerlandais que domine une tour abritant une cloche aussi vieille que la citadelle. C'est là, devant cette porte, que se dressaient encore, au siècle dernier, le gibet et les instruments de torture autour desquels les hyènes venaient rôder la nuit. Dans les premiers temps de l'occupation, les environs de la forteresse étaient hantés par d'autres voisins incommodes, lions, léopards, éléphants, rhinocéros, sans compter les Hottentots. On lit, dans les documents de l'époque, que pendant la nuit les lions se réunissaient en tel nombre autour du château qu'il semblait qu'ils voulussent le prendre d'assaut.

De sombres drames se sont déroulés dans ces murs d'un aspect rébarbatif. Aux premiers jours de la colonie, les châtiments étaient d'une atroce barbarie, et l'on trouve à ce sujet de curieux renseignements dans le vieil ouvrage de Muntzel, publié en Allemagne au siècle dernier. Avant de comparaître en justice, les prisonniers étaient confinés pendant un mois ou six semaines dans un noir cachot, les pieds chargés de chaînes. Le chroniqueur observe naïvement que cette mesure avait souvent un excellent effet sur les prisonniers : ils en devenaient si doux et si dociles, qu'ils finissaient par avouer toute la vérité, et même les méfaits qu'ils n'avaient jamais commis. Un pauvre Français du nom de Barbier, coupable d'intrigue et de mensonge, fut condamné au supplice de la roue : après une courte prière d'un ministre de l'église réformée, on le dépouilla de ses vêtements et on l'attacha à l'appareil de torture. On lui trancha d'abord la main droite, puis la tête, et le corps fut ensuite écartelé. Les entrailles furent enfouies sous le gibet, la tête et la main furent clouées à un pilori placé sur la grande route, les quatre quartiers du corps furent envoyés dans quatre différents districts.

C'est ici aussi que furent martyrisés un grand nombre de ces pauvres esclaves que les Hollandais importaient d'Afrique, de Madagascar et même de Batavia. Ces esclaves étaient traités de la façon la plus inhumaine, et les archives de la compagnie des Indes Orientales sont pleines de révoltants détails sur les tortures qu'on leur infligeait, souvent pour de simples peccadilles. Un exemple choisi entre cent. Holben rapporte qu'en 1712 il vit un esclave livré aux flammes pour avoir voulu mettre le feu à la maison de son maître. On l'attacha à un poteau avec une chaîne qui lui permettait d'en faire le tour ; puis, on alluma un brasier circulaire, dans un rayon égal à la portée de la chaîne. Les flammes s'élevèrent bientôt. L'esclave courut quelque temps autour du pilier, sans jeter un seul cri. Enfin, à demi rôti, il s'affaissa et expira en invoquant le dieu de son pays.

Ce n'étaient pas seulement les esclaves et les criminels que l'on traitait avec cette barbarie, mais aussi les soldats. Voici quel était le châtiment ordinaire d'une infraction aux règlements mili-

taires, telle que, par exemple, le fait de s'en-
dormir si l'on était de garde : on plaçait le coupable entre trois hallebardes disposées en triangle,
de façon qu'il ne pût se mouvoir, et ses camarades le flagellaient dans cette position, avec des
roseaux d'un demi-pouce d'épaisseur; après quoi,
on obligeait le malheureux à monter la garde
avec cinq mousquets sur l'épaule, et on le mettait
aux arrêts pendant une période variant de six à
douze semaines. On lit encore dans les vieilles
chroniques qu'au dix-septième siècle un volontaire fut condamné à recevoir cent coups de crosse
de mousquet pour s'être plaint de ce que le cui-
sinier avait servi du pingouin au lieu de viande
de porc; deux autres pauvres diables, qui avaient
volé un chou, expièrent leur crime par trois
années de fer.

Le dernier des captifs qui furent incarcérés
dans les murs du château fut Cettiwayo, le célèbre roi des Zoulous. L'Angleterre finit par rendre
généreusement la liberté au prisonnier d'Etat,
et l'on sait comment il trahit la confiance de ses
vainqueurs.

Quand on a vu Adderley Street, Government
Avenue et le château, on a à peu près épuisé les
« beauties of the place ». Mais que d'intéressants
sujets d'observation n'offre pas la population de
cette ville située sur la route des Indes Orientales et de l'Océanie ! L'Afrique Australe est,
peut-être, de toutes les colonies du monde, celle

qui offre la plus grande diversité de races, et la ville du Cap est peut-être le lieu où l'on voit le plus de couleurs de peaux humaines et le plus étrange bariolage de costumes. Je ne crois pas exagérer en disant que presque tous les peuples de la terre y ont leurs représentants, depuis le Chinois et le Japonais jusqu'aux insulaires de l'Océanie, depuis l'Arabe du nord de l'Afrique jusqu'au nègre à la peau d'ébène et à la toison laineuse, depuis l'Anglo-Saxon et le Batave jusqu'au descendant des Huguenots français.

Dans toute l'Afrique Australe, la classe laborieuse se compose de gens de couleur ; mais au Cap, on trouve une forte proportion de sang-mêlé, des descendants des premiers colons hollandais et de leurs esclaves, ou encore, mais plus rarement, des croisements de Batave et de Hottentot. A Cape-Town, la couleur jaune domine peut-être la couleur noire : on y voit quantité de Chinois, d'Hindous et surtout de Malais. Ces Malais ont été importés autrefois, soit comme esclaves, soit comme coolies, par la compagnie hollandaise des Indes Orientales. On les rencontre à chaque pas dans leurs pittoresques et sémillants costumes de soie, coiffés de mouchoirs très amples, de toutes les couleurs de l'arc-en-ciel. Ils forment une partie notable de la population des gens de travail : la plupart des cochers sont malais, toutes les lavandières sont malaises. Ils ne se mêlent point aux autres indigènes : ils ont leur cimetière, leur mosquée, tous sont restés attachés au culte mahométan. Ils forment l'élément le plus affairé, et aussi le plus prospère de la population, gagnant de gros gages, et tenant beaucoup à leurs deux ou trois jours de repos par semaine. Dès qu'ils ont amassé quelque argent, ils achètent de nouveaux vêtements à brillantes couleurs, et leur ambition est de porter la dernière nouveauté pour aller passer les jours de fête à la campagne, chez leurs amis. Le nombre des Malais s'élève à plusieurs milliers.

A côté d'eux, il y a les noirs enfants de l'Afrique, ceux qu'on appelle les « Cape boys », produits de la traite des noirs qui furent importés autrefois comme esclaves de la côte d'Afrique. Race très mélangée, par suite des unions avec les Hottentots et les autres indigènes du pays. Il n'y a plus guère de purs Hottentots : la civilisation, la maladie, l'indolence et la paresse ont contribué à leur extinction ; leur sort a été celui des Peaux-Rouges de l'Amérique, des Maoris de la Nouvelle-Zélande, des Aborigènes de l'Australie ; ils ont disparu devant la conquête blanche.

De tous les noirs, les plus vivaces sont peut-être les Cafres : c'est la seule race indigène qui ait résisté au courant de la civilisation. Ce nom de Cafre signifie « infidèle » ; les mahométans arabes l'appliquèrent, à l'origine, à toutes les races noires de l'Afrique, et il fut adopté par les premiers Européens qui entrèrent en contact avec les tribus des pays du Cap. Leur véritable nom national est « Ama-Khosa », ou « Fils de Khosa », le grand chef dont ils prétendent descendre depuis de nombreuses générations. Le Cafre est supérieur à la race hottentote par ses qualités physiques et morales : dans les guerres qu'ils a soutenues contre les blancs, on l'a toujours vu épargner les femmes et les enfants, et bien que l'on ait prétendu que la langue cafre n'a point de mot qui exprime l'idée de reconnaissance, on peut cependant citer des faits qui attestent que les Cafres pratiquent cette vertu tout comme les blancs. Loin de diminuer, leur nombre s'accroît, contrairement à la loi ordinaire qui amène la disparition des races inférieures mises en présence de la race blanche. Sur une population probable de deux millions d'âmes que compte le pays du Cap, il n'y a pas moins de huit cent mille Cafres. A Cape-Town on les emploie comme ouvriers des docks, comme domestiques et hommes de peine. Ils sont très enclins au vol, et ce pays de diamants et de moutons leur offre beau jeu à cet égard : c'est parmi eux que se recrute cette armée de convicts que l'on emploie aux travaux des rues et des routes.

Les Zoulous, les plus beaux types de la race noire, sont très clairsemés à Cape-Town : nous les retrouverons plus nombreux au Natal, leur pays d'origine. Ce sont des hommes d'une beauté sculpturale, grands, solides, admirablement musclés, et alliant à une certaine dignité de maintien une gaicté et une humeur joviale qui leur donnent un air bon enfant.

Tout ce monde de gens de couleur est dominé par les blancs, qu'ils soient Européens ou Africanders. A eux échoient les positions gouvernementales et commerciales. On donne ici ce nom d'Africander — les Hollandais écrivent *Afrikaander* — aux fils de père et mère européens nés en Afrique et à leur descendance : l'Africander est, en un mot, le créole du Cap. L'Africander est généralement d'origine hollandaise ou d'origine anglaise. Les Hollandais sont aux Anglais dans la proportion de cinq à trois. Beaucoup de ces Africanders, qui ne parlent que le hollandais et l'anglais, portent de purs noms français ; il y a des Retief, des du Plessis, des de Villiers, des du Toit ; il y a des Joubert, des Naudé, des Marais, des Le Sueur : autant de descendants des Huguenots qui vinrent chercher ici une nouvelle patrie à la suite de la révocation de l'édit de Nantes. Au bout de deux ou trois générations, ces Huguenots s'étaient tellement identifiés avec les Hollandais, qu'ils avaient perdu tous leurs caractères distinctifs, et que leurs noms seuls pouvaient encore attester leur origine. Leur influence sur la colonie n'en a pas moins été con-

sidérable : c'est aux Huguenots que les Boers
doivent en grande partie leurs qualités chevale-
resques, leur bravoure, leur ardent amour de
la liberté, leur inébranlable attachement à leurs
convictions religieuses.

III

LA MONTAGNE DE LA TABLE

Si la ville du Cap n'avait d'autre attrait que ses Cafres et ses rues, ce serait peu, en vérité ; mais elle a, je l'ai dit, sa magnifique situation sur un promontoire, à l'extrémité d'un continent, dans une profonde vallée s'ouvrant entre deux montagnes, l'une très haute, dont la « table » commande fièrement la ville, l'autre plus basse et moins abrupte, plus déchiquetée, mais portant altièrement aussi sa « tête de lion ». Et puis, cette baie d'une courbe si délicate, d'un bleu si pur ! Et enfin, ce ciel si clair, si transparent, grâce à la qualité spéciale d'une atmosphère qu'on ne trouve qu'ici.

Pour jouir pleinement de la scène et la retenir pour toujours dans la mémoire, il faut monter au *Kloof*. Le Kloof, un de ces noms hollandais respectés par les Anglais, qui pourraient le traduire par « *cleft* », est la passe qui s'ouvre entre la Table et la Tête du Lion. J'y suis monté à pied par *Kloof Road*, superbe route carrossable construite par les convicts, et dont chaque lacet offre de nouvelles échappées s'ouvrant çà et là entre des pins géants. Les rares passants qu'on rencontre sont des noirs : ils me regardent d'un œil étonné, car les blancs ne vont guère à pied dans ces parages écartés : leur attitude n'a, toutefois, rien d'hostile, et l'on peut, m'a-t-on dit, se promener en complète sécurité dans toute l'Afrique Australe au milieu de ces bons Cafres et de ces Zoulous qui sont, après tout, qu'ils le sachent ou non, les maîtres du pays.

Quand on a gravi deux heures au milieu des grands pins séculaires, on débouche en face de la Tête du Lion, énorme dôme dont les parois portent des arbres qu'il faut aller admirer de près, car ce sont des arbres étranges, et l'on ne voit nulle part ailleurs ces curieux représentants de la flore silvestre sud-africaine. Quittant donc la grande route, j'ai marché vers ces arbres que j'ai trouvés d'abord tout petits et clairsemés ; mais bientôt ma promenade s'est poursuivie au milieu d'une véritable forêt, et quelle forêt ! Je n'aurais pas éprouvé le moindre étonnement si j'y avais vu surgir une fée des bois armée de sa baguette magique, car le spectacle que j'avais sous les yeux semblait être l'effet de quelque enchantement. Autour de moi tout était d'argent, feuilles, branches, troncs, et je me demandais si je n'étais pas devenu d'argent moi-même, car la lumière, réfléchie par la surface argentée du feuillage, semblait être une lumière blanche, subtile, qui donnait à tous les objets des tons argentins et métalliques. Je remarquai un arbre mort, mais qui portait encore toutes ses feuilles, et je fus frappé de leur étrange nuance d'argent terni : un spectre au milieu de la forêt. Tout en coupant des rameaux, avec cette joie enfantine qu'on éprouve à se dire qu'on rapportera cela en Europe, je ne me lassais point d'admirer ces feuilles taillées en têtes de lance, dressant vers le ciel leurs pointes aiguës, d'une rigidité métallique, puisqu'elles sont d'argent. Ces arbres merveilleux, d'une taille de sept à neuf mètres, sont connus au Cap sous le nom de *Silvertrees*. Les botanistes l'appellent *Leucodendron argenteum*. On ne les trouve que dans la péninsule du Cap, où ils se plaisent surtout dans les passes montagneuses de *Table Mountain*. Leurs feuilles sont, à Cape-Town, l'objet d'une industrie spéciale : on y peint des vues du pays pour les vendre aux étrangers.

Regagnant la grande route, j'ai continué ma promenade pédestre jusqu'à ce que j'eus atteint la passe qui s'ouvre, à quelque cinq cents mètres d'altitude, entre le Lion et la Table. Là, je me suis arrêté pour contempler le tableau qui se déroulait à mes pieds, et j'ai eu une de ces rêveries qui comptent parmi les heures les meilleures de la vie. Qu'on en juge.

Cinq heures du soir, l'heure du soleil couchant en cette saison d'hiver. Un air pur, transparent,

élastique. Un ciel si lumineux qu'on ne pourrait
s'en faire aucune idée dans nos contrées d'Europe. Sur ce fond très clair, le globe de feu flam-
boie, dardant des rayons d'or, et descend derrière la fantastique montagne du Lion qui ressemble, dit-on, au roi de la faune africaine. A
mes pieds scintille la baie de la Table, se déployant en un immense demi-cercle. Le soleil
couchant projette sur cette surface miroitante
des lumières magiques, presque surnaturelles,
des incandescences d'une surprenante intensité,
passant par toute la gamme de l'arc-en-ciel, jusqu'à ce que le rideau de la nuit tombe sur cette
féerie. Au bord de la baie se déploie un blanc
damier, dont les lignes géométriques se croisent
à angle droit : c'est Cape-Town, assise à l'une
des extrémités du rivage en demi-cercle, en
sorte que l'autre extrémité lui fait face; pour
une ville maritime, quel puissant élément de
beauté que deux rives ainsi situées à l'opposite
l'une de l'autre! Au-dessus de ma tête surplom-
bent les corniches aériennes, de sinistre aspect,
de Table Mountain, à laquelle l'œil revient toujours, comme fasciné par cette puissante muraille de granit qui semble monter jusqu'au ciel,
écrasant de toute sa hauteur les maisons à toit
plat de la ville couchée au pied du mont géant.
Et là-bas, très loin, à dix lieues, mais dans une
atmosphère si limpide, si diaphane, qu'on croirait pouvoir les toucher du doigt, les Montagnes

Bleues, qu'empourprent les feux mourants du soleil, chaîne dénudée, sévère et sourcilleuse, qui ferme l'horizon comme une barrière énigmatique. Je n'ai rien vu de semblable à ce paysage sud-africain éclairé par une lumière propre, cette lumière australe, plus pure, plus vive, plus chaude que celle du nord. Voilà pour les yeux. L'oreille aussi vous avertit que vous avez changé d'hémisphère : à part les rumeurs lointaines de la ville couchée à vos pieds, aucun bruit, aucun son ne traverse les airs : cette nature est silencieuse et muette, et c'est au plus si, de loin en loin, on entend la note triste que jette un grand oiseau noir, qui ressemble au corbeau de nos contrées.

C'est du Kloof que j'ai pu me faire la meilleure idée de la montagne de la Table : d'ici on la touche du doigt, et comme elle grandit à être vue de près ! Lorsqu'on la voit de loin, les contreforts qui s'en détachent et s'abaissent vers la mer en diminuent la hauteur ; mais lorsque ces contreforts ne s'interposent plus entre la montagne et le spectateur, lorsqu'on se trouve tout au pied des immenses parois dont le faîte découpe en ligne droite l'azur du ciel, alors on en apprécie mieux les grandioses dimensions, et la table qui en forme le couronnement apparaît si aérienne et si haute, qu'elle semble toucher la voûte du ciel, à demi perdue qu'elle est dans l'espace, à 1.174 mètres au-dessus de Table Bay.

Mais ce qui saisit plus encore que la hauteur de
ce mur de granit, c'est son effroyable vertica-
lité : il s'élance vers le zénith tout d'un jet, avec
tant de hardiesse et de précision, qu'il semble
que la main des hommes y ait appliqué l'aplomb.
Les puissantes murailles qui dominent le cirque
de Gavarnie, dans les Pyrénées, peuvent seules
donner une idée de cette prodigieuse architecture, borne sublime d'un continent, campée
depuis les origines du monde sur ses massives
et inébranlables assises.

L'immobilité du roc offre un parfait contraste
avec la mobilité des aspects qu'il emprunte aux
variations atmosphériques. Ses parois changent
de teinte aux différentes heures du jour : bleuâtres le matin, dorées lorsqu'elles réfléchissent le
flamboyant soleil de midi, roses au soleil couchant, d'argent à la clarté de la lune. Presque
chaque matin, la crête tabulaire se couvre d'une
longue bande de vapeurs blanches et floconneu-
ses, comme d'un voile de mousseline qui s'attache au front du géant, en suit les contours, et en
grandit encore l'architecture : c'est la Nappe de la
Table, *Table-cloth*, comme disent les habitants
du Cap. Ce phénomène se produit régulièrement
sous l'influence de certaines conditions météorologiques, et avec une telle fréquence que c'est
là une des caractéristiques de cette étrange
montagne. Les anciens Hottentots éprouvaient,
dit-on, une crainte religieuse à la vue de ce voile

blanc qui leur cachait, croyaient-ils, le dieu
mystérieux des nuées et des tempêtes. Rien de
plus variable et de plus divers que les aspects
de ce voile, si prestigieux, si poétique, en dépit
de son nom très vulgaire : tantôt c'est une fu-
rieuse cataracte, sorte de Niagara aérien se
précipitant en écume blanche sur les flancs de
la montagne, comme pour engloutir la ville
couchée à ses pieds; tantôt une éblouissante
nappe de neige qui vous donne l'illusion de
quelque cime glacée des Alpes; tantôt une immense draperie déroulant majestueusement ses
plis du haut des corniches vertigineuses. Puis,
voici que tout à coup, sous l'action des courants
d'air ascendants, la draperie se brise, flotte en
lambeaux épars, s'évapore au soleil, et découvre dans son austère nudité le vieux mont carré
et chauve.

IV

WYNBERG

Quand on a contemplé la montagne de la Table
des hauteurs qui dominent Cape-Town, on ne la
connaît que sous une de ses faces. Pour la connaître complètement, il faut en voir la face méridionale. Et ici, il faut dissiper une confusion
topographique dans laquelle je versais, comme
tout le monde, avant d'être venu au Cap. Qui ne
s'imagine que la capitale de l'Afrique du Sud
se trouve assise sur la pointe sud du continent,
à l'extrémité de ce cap de Bonne-Espérance auquel elle emprunte son nom, et que par suite
elle se trouve sur le versant méridional de la
Table? Eh bien! il y a là une triple erreur que
la vue des lieux m'a fait reconnaître. Contrairement aux idées reçues, Cape-Town ne se trouve
ni au cap de Bonne-Espérance, ni à l'extrémité
de l'Afrique, ni sur le versant méridional de la
Table. Nous sommes habitués à confondre le
cap de Bonne-Espérance avec l'extrémité sud de
l'Afrique depuis que Camoëns, qui était aussi
médiocre géographe qu'il était bon poète, a com-

mis cette fâcheuse confusion en identifiant le
promontoire que doubla Vasco de Gama avec la
pointe ultime du continent. Cette pointe ultime
est, en réalité, le cap Agulhas ou des Aiguilles,
situé à quelques lieues sud-est du cap de
Bonne-Espérance. Pour se faire une idée
claire de cette partie si déchiquetée de la côte
méridionale de l'Afrique, qu'on se représente
le revers de la main gauche étendue, les
doigts juxtaposés, le pouce écarté : le medium
figurera la pointe méridionale ou cap des Aiguilles, le pouce figurera la péninsule où s'é-
lève la montagne de la Table, l'ongle du pouce
le cap de Bonne-Espérance, enfin l'espace entre
le pouce et les doigts représentera ce qu'on appelle la Fausse Baie, par opposition à la baie
de la Table, l'une regardant l'Atlantique, l'autre
l'Océan Indien. Nul n'a jamais pu dire ce que
signifie ce nom bizarre de Fausse Baie : ne serait-ce pas que les premiers navigateurs qui la
visitèrent crurent qu'elle communiquait avec la
baie de la Table, puis, ayant reconnu que leur
idée était fausse, rétablirent la vérité en appli-
quant l'idée à la chose? Disons ici en passant
que rien ne serait plus facile que d'exécuter le
projet, autrefois conçu par les Hollandais, de
percer un canal qui unirait les deux baies et les
deux océans, et séparerait du continent la langue
qui s'allonge vers le cap de Bonne-Espérance :
l'île ainsi créée n'aurait que quinze lieues de

longueur sur deux de large, mais ce serait assurément le plus pittoresque morceau de terre
détaché de l'Afrique. C'est au nord de cette
Suisse péninsulaire que surgit la Table, et c'est
au pied du versant nord de la montagne que
s'ouvre la baie de la Table, au bord de laquelle
est assise la ville du Cap, à plus de douze lieues
du véritable cap de Bonne-Espérance, et à plus
de soixante lieues de la véritable pointe méridionale de l'Afrique.

Maintenant que nous avons une idée claire de
la topographie assez compliquée des lieux, nous
pouvons prendre le train pour un des charmants
faubourgs de Cape-Town situés sur le revers
méridional de la Table. La capitale n'est point,
il faut bien le dire, un aimable séjour au point
de vue sanitaire : la ville est humide et sale, le
climat souvent énervant, surtout quand souffle
le « south-east », qui est le mistral du Cap. De
l'autre côté de la montagne, on est à l'abri de
toutes ces petites misères. Aussi la plupart des
résidents ne passent-ils en ville que les heures
du jour et, leurs affaires terminées, s'empressent
de regagner la campagne, où ils ont *mansion* ou
cottage, suivant les principes en honneur chez
tout bon Anglais. A l'heure où ferment bureaux,
banques et magasins, la ville se dépeuple, les
trains s'emplissent, les *hansome cabs* blancs à
cochers noirs forment une longue file sur les
routes, chacun court vers le « paradis du Cap ».

Ce paradis occupe tout le district qui s'étend de l'autre côté de la Table, district où cent villages se touchent et forment comme autant de faubourgs tels qu'aucune autre capitale n'en a de plus jolis, de plus séduisants, de plus salubres.

De tous les villages situés dans ce coin de terre fortuné, Wynberg — la Montagne des Vignes — est le plus enchanteur, et comme il n'est qu'à quarante minutes de chemin de fer de la capitale, c'est là que résident la plupart des notabilités du monde politique et judiciaire, du commerce et de la banque. Qu'on s'imagine une antique et luxuriante forêt se développant sur une pente douce qui monte graduellement vers la base de la Table, et qui a nom Wynberg Hill. Sur cette vaste terrasse inclinée, toute couverte de vieux pins, de chênes séculaires importés d'Europe au temps des Hollandais, on a tracé, à perte de vue, de larges allées se coupant en tous sens, et sous les épais ombrages de ces avenues pleines de fraîcheur, de silence et de mystère, il y a des villas, des manoirs, et encore des manoirs et des villas, qui portent des noms tantôt hollandais, tantôt anglais, toujours heureux et poétiques, tels que *Sonnenstrahle* (Rayon de soleil), ou *Woodside* (Lisière du bois). Les habitations sont très espacées, séparées par de grands parcs, en sorte qu'on ne se douterait guère qu'on se trouve dans un faubourg de Cape-

WYNBERG

AVENUE DE PINS

Town. Ce n'est ni une ville ni un village, c'est
un immense jardin, un éden où il doit faire bon
de résider, où l'on doit être heureux de vivre.
L'air qu'on y respire, parfumé par les saines
senteurs des pins, est pur, frais, velouté, un air
spécial, qui vous pénètre de plaisir. Et ce qui est
bien spécial aussi, c'est la couleur de la terre sur
laquelle sont tracées les allées : une terre rouge
que le vent soulève en une impalpable poussière,
et qui rougit le feuillage des chênes et des eucalyptus, les toits des maisons, et même les vêtements des passants.

Le grand charme de Wynberg, c'est le paysage,
très riche de forme et de couleur, que j'ai contemplé
de la terrasse de *Wynberg House*, l'hospitalière
demeure de l'éminent juriconsulte sir Henry de
Villiers, *chief justice* et président de la chambre
haute. Ici comme de l'autre côté de la péninsule,
c'est la Table qui forme le fond du tableau, mais
la Table vue par son revers, et comme la nature
ne se répète point, l'architecture du monument
a des aspects nouveaux : ce sont les mêmes lignes
générales, la même crête aplatie, les mêmes
masses cyclopéennes, mais ce sont d'autres colon-
nades, d'autres arcs-boutants, d'autres cannelu-
res, d'autres portails ; l'édifice est le même, la
façade est d'un style différent.

Du faîte de Wynberg Hill, on domine deux
Océans : d'un côté l'Atlantique, de l'autre la mer
des Indes, que j'ai aperçue d'ici pour la première

fois, déployant sous le ciel clair son infinie nappe bleue. Et c'est parce que Wynberg regarde un autre océan que le faubourg a un autre climat que la capitale voisine, climat plus frais, plus tonique, plus vivifiant : même dans la saison chaude, la nuit offre ici un tel contraste avec le jour que l'on ne dort jamais sans une épaisse couverture de laine.

Voilà pourquoi de tout temps ce climat délicieux a été recherché par les grands du pays, depuis les jours du célèbre Van Riebeek. Il y a plus de deux siècles que le premier gouverneur de la colonie avait fait de Wynberg sa résidence favorite : il y possédait une ferme et un jardin où il cultivait l'oranger, le citronnier, l'olivier, le bananier, la vigne et tous les arbres fruitiers d'Europe. C'est à Wynberg que fut signée la capitulation de 1795, qui fit du Cap une colonie anglaise. C'est à Wynberg qu'est établi aujourd'hui le camp militaire, dans des bâtiments en bois à toitures en fer, sur les hauteurs de Wynberg Hill, où les soldats jouissent d'un air d'une incomparable pureté : tous les régiments qui y ont stationné proclament qu'il n'est point de meilleure garnison dans l'immense étendue des possessions britanniques : c'est presque le tropique, avec toutes ses séductions, mais le tropique sans les chaleurs énervantes, sans les fièvres paludéennes.

Des hauteurs de Wynberg j'ai aperçu Constantia, qui produit le fameux cru connu en Europe sous le nom de vin de Constance, bien déchu aujourd'hui de son ancienne renommée. L'explication de cette décadence est assez curieuse, comme exemple de la vanité des gloires de ce monde. Le vin de Constance devait autrefois sa vogue à ce qu'il figurait sur la table de la reine d'Angleterre, sous forme d'un tribut annuel ; mais un jour les vignerons du Cap demandèrent à être déchargés de cette légère redevance ; par malheur, il fut fait droit à la pétition : ce fut l'histoire de la poule aux œufs d'or, et du jour où le vin du Cap disparut de la table royale, on ne le vit plus sur la table des millions de sujets de Sa Majesté Britannique. Grandeur et décadence du vin de Constance ! Oh ! inconstance !

Après les frais ombrages de Wynberg, j'ai voulu jouir des horizons ensoleillés de la mer. J'ai repris le chemin de fer, qui m'a emporté à travers une région sablonneuse et déserte, et bientôt j'ai débouché devant la Fausse Baie, où les larges vagues de l'Océan Indien se brisent sur la grève et viennent mouiller les roues du train qui court presque dans la mer. Aux senteurs balsamiques apportées par la vague se mêle l'odeur de poisson que dégagent les pêcheries établies le long du rivage. La Fausse Baie nourrit des espèces inconnues de l'autre côté du Cap, et il n'est pas rare d'y voir s'échouer des baleines venues des parages antarctiques.

Au bord de la Fausse Baie, et au pied du Muizenberg (montagne des Souris), se trouve une exquise petite ville balnéaire qui a nom Kalk-Bay. On ne saurait rêver un plus joli site. C'est le Scarborough du cap de Bonne-Espérance. On y trouve des hôtels et des « boarding houses » où 'affluent en été les baigneurs en quête d'air frais et de brise de mer. Les Malais y viennent en foule aux jours de fête.

Au delà de Kalk-Bay on côtoie la mer pendant quelques milles encore, jusqu'à Simonstown, où débarquèrent, en 1795, les troupes britanniques qui forcèrent les Hollandais à capituler. Là réside aujourd'hui le commodore qui commande les eaux anglaises de la côte d'Afrique. C'est la seule station navale que l'Angleterre possède au sud de l'Équateur dans l'Océan Indo-Pacifique. Le site, d'une beauté morose et sombre qui convient bien à une place de guerre, m'a rappelé les sévères fjords de la Norvège. La ville est adossée aux flancs grisâtres et nus des masses rocheuses qui forment les derniers anneaux de la chaîne péninsulaire terminée par le cap de Bonne-Espérance. M. Weech, ingénieur de la marine royale, que j'avais rencontré à bord du « Drummond Castle », a bien voulu me faire les honneurs des « dockyards » qui s'étendent le long de la baie sur une distance d'un kilomètre, pourvus de tout l'outillage nécessaire pour réparer

les navires de guerre. Marins et soldats forment
les trois quarts de la population, qui ne dépasse
guère deux mille âmes. Située à cinquante-trois
kilomètres de Cape-Town, Simonstown est le
terminus actuel du chemin de fer qui traverse
presque d'un bout à l'autre la péninsule. Du haut
des montagnes voisines, j'ai salué *Cape-Point*, le
véritable cap de Bonne-Espérance, surmonté de
son phare qui domine de près de trois cents
mètres les deux Océans dont les eaux se rencontrent au pied du fameux promontoire. Salut,
cap de Bonne-Espérance ! Salut, cap des Tempêtes !

Par quel phénomène un cap peut-il porter à
la fois deux noms si différents, éveillant dans
l'âme des sentiments si contradictoires, la crainte
et la confiance ? Suivant une explication ingénieuse mais fantaisiste, le calme et la tempête
s'y suivent souvent de si près que le marin y est
tour à tour balancé entre l'espoir et la crainte.
J'aime mieux une autre explication. N'en déplaise
aux mânes de Vasco de Gama, n'en déplaise à la
mémoire de Meyerbeer, qui fait de ce héros le
Christophe Colomb de l'Afrique Australe, le Cap
avait été doublé dix ans avant lui par un autre
navigateur portugais, Bartholomeo Diaz, qui lui
donna le nom de Cabo Tormentoso ou Cap des
Tempêtes, tant la mer était effroyable lorsqu'il
franchit ces parages, à la recherche d'une nouvelle route des Indes. Mais le roi Dom Jean II
changea un nom de mauvais augure en un autre

plus propre à encourager de nouvelles tentatives pour atteindre les Indes par mer.

Ce cap, dont la découverte fut saluée autrefois avec le même enthousiasme que la découverte de l'Amérique, ce cap est bien déchu de sa gloire passée. Depuis le percement de l'isthme de Suez, on a presque oublié le cap de Bonne-Espérance. L'ancienne route des Indes et de l'Australasie est aujourd'hui dédaignée tout comme le vin que produisent les vignobles de Constance. Mais telle est des hommes la notoire inconstance, qu'on peut se demander si le canal de Suez ne se trouvera pas un jour délaissé à son tour. Le canal offre certes de grandes facilités à la navigation à vapeur ; mais la route du Cap a des avantages incontestables que n'offrira jamais celle de la mer Rouge. Si celle-ci est la plus courte, c'est là une supériorité que compense un peu la merveilleuse rapidité de nos modernes paquebots à hélice. En outre, le voyage par le Cap sera toujours sûr, toujours salubre : sur cette route, les terribles chaleurs de la mer Rouge sont inconnues, de même que l'éternelle menace du choléra de la Mecque et les lenteurs de la navigation à travers le canal, presque chaque jour obstrué par quelque obstacle, même en temps de paix. Que serait-ce donc en temps de guerre !

En vérité, les Anglais, qui sont gens pratiques et de haute prévoyance, savaient ce qu'ils fai-

saient lorsqu'ils prirent possession du cap de
Bonne-Espérance.

Le phare érigé à l'extrémité de l'Afrique se
trouve à l'endroit même où l'auteur des Lu-
siades fait dire au géant Adamastor :

« Aqui toda a Africana costa acabo

Neste meu nunca visto promontorio. »

Etrange destinée des choses ! Le *Cabo Tormentoso* dont Camoëns a fait le théâtre de ses
fictions poétiques appartient aujourd'hui au
peuple le moins poétique de la terre! Partout
où il y a un cap célèbre ou un détroit fameux,
on est sûr de trouver la position occupée par
John Bull.

V

LE GOUVERNEMENT DE LA COLONIE

Après avoir vu, à Cape-Town et dans les environs, ce que pourra recommander le futur guide du voyageur au cap de Bonne-Espérance, il est temps de nous mêler à la société. L'occasion est bonne, car je suis arrivé en pleine session parlementaire, et je retrouve ici, au bout de l'Afrique, à deux mille lieues de Westminster, une reproduction fidèle de l'organisation politique de l'Angleterre, une colonie à gouvernement responsable, façonnée à l'image de la métropole, ayant un roi, des ministres, des institutions représentatives, en un mot tous les rouages de la machine qui fonctionne dans les États constitutionnels de notre vieille Europe. Ces rouages sont en activité depuis l'adoption du *Responsible Government Act* qui, en 1871, conféra à la colonie du Cap sa majorité politique et l'éleva au même rang que les colonies de l'Australie et du Dominion Canadien. Conformément aux immuables principes du droit public moderne qui sévissent avec une ennuyeuse uniformité dans tous les États civilisés du globe, à côté du roi, qui porte le nom de gouverneur général, il y a une chambre basse et une chambre haute : l'une, la Maison de l'Assemblée (House of Assembly), répond à la chambre des Communes ; l'autre, le Conseil législatif (Legislative Council), répond à la chambre des Lords. Bien entendu, la chambre haute n'est pas héréditaire, ce qui serait absurde sinon impossible dans une colonie ; elle n'est pas non plus nommée par la Couronne, suivant la méthode en usage dans certaines colonies de l'empire britannique ; elle est tout simplement élue par le peuple, en sorte que les deux corps délibérants ont la même origine démocratique.

La capitale de la colonie a son palais législatif, s'il vous plaît : édifice coquet, spacieux, tout récemment construit à grande bourse, au prix de cinq à six millions, dans la plus belle situation qu'on puisse rêver pour un parlement, au milieu des admirables jardins que longe *Government Avenue*. Rien n'a été oublié pour le plus grand confort intellectuel et matériel des membres de cet heureux parlement : une bibliothèque et une salle de journaux et de revues pour leur instruction, une salle de billards pour leur récréation, une cuisine modèle et un restaurant où ils puisent les forces nécessaires pour affronter les luttes parlementaires. Il y a surtout un vestibule à colonnes de marbre, d'une

CAPE-TOWN

LE PARLEMENT ET LA MONTAGNE DE LA TABLE

grande magnificence architecturale, que l'on transforme en salle du trône dans les grandes circonstances, telles que l'ouverture ou la prorogation du Parlement. A droite de cette salle des pas perdus est la chambre basse, à gauche la chambre haute.

Entrons dans la grande salle carrée, d'un style sobre et sévère, où siége le Conseil législatif, présidé de droit par le *Chief Justice*, qui pontifie dans son majestueux costume judiciaire. Le titulaire actuel de cette dignité suprême, sir Henry Devilliers, que j'ai déjà vu à Wynberg, a bien voulu me faire les honneurs d'une séance de la haute assemblée. Il appartient à une ancienne famille de robe issue de ces Huguenots de France émigrés au Cap lors de la révocation de l'édit de Nantes, et quoiqu'il porte un nom bien français, il a oublié, comme tous les colons de la même origine, la langue de ses ancêtres, et il ne s'exprime qu'en anglais et en hollandais. La séance a été levée au bout de quelques minutes, en signe de deuil, car toute la ville pleurt la mort du *magistrate* M. Crosby, une des notabilités les plus connues de Cape-Town, emporté par cette mystérieuse influenza qui fait en ce moment son tour du monde. Comme sir Henry me demandait mes impressions au sujet du Conseil législatif, je lui ai répondu que ce qui m'a le plus étonné, c'est de l'y voir, et de l'y voir non en costume civil, mais dans sa toge de *Chief Justice*. La présence d'un juge en costume judiciaire à une tribune politique, voilà une monstruosité qui déroute toutes mes idées sur la séparation des pouvoirs. Ici c'est si naturel, que le Parlement lève la séance à propos de la mort d'un *magistrate*.

Le Conseil législatif ne compte que 22 membres. La Maison de l'Assemblée, qui en compte 76, siége dans une salle qui n'est guère moins grande que celle où siégent les 670 membres de la chambre des Communes. Du haut de la tribune réservée aux étrangers, j'ai pu admirer la majestueuse personne du speaker, sir David Tennant, qui siége en perruque, tout comme à Westminster, sur une tribune ornée de l'écusson impérial. Le Parlement du Cap offre le spectacle assez singulier d'une assemblée bilingue : en vertu d'une loi récente votée après une lutte longue et passionnée, les deux langues en usage dans la colonie y jouissent de droits égaux au Parlement comme devant les tribunaux. Le système a ses inconvénients. Les députés anglais ne comprennent point les députés hollandais, et réciproquement. Au milieu de cette Babel d'Africanders, le colonel Schermbrucker, qui est Allemand, un des ministres d'hier, aujourd'hui un des chefs de l'opposition, s'exprime couramment en anglais mâtiné d'un léger accent bavarois. C'est un des meilleurs orateurs du Parlement, mais il n'a point les sympathies des Hollandais : jaloux de la prépondérance des Anglais dans le gouvernement de la colonie, ils lui font un crime de ce qu'il dédaigne le hollandais, qui a bien plus d'affinité que l'anglais avec sa langue maternelle. Cette brûlante question des langues est ici, comme en Autriche, en Suisse et ailleurs, une déplorable cause de divisions, et, par suite, une cause d'affaiblissement.

Le Parlement du Cap, où se fusionnent deux races si différentes, est bien l'image de la colonie, de la colonie blanche s'entend, car pour que l'image fût complète, le plus grand nombre des députés devrait être de race noire. Or, à l'aspect de l'enceinte législative, un étranger ne pourrait nullement se douter qu'il se trouve en Afrique. Pas une tête noire dans ce parlement institué en pays nègre! Étrange phénomène! Les Cafres sont quatre fois plus nombreux que les blancs, ils composent la majorité du corps électoral, et ils sont, en fait, bannis du Parlement! Tout en accordant aux noirs les droits politiques, les blancs n'entendent nullement se laisser gouverner par eux. Depuis que les Cafres ont été admis à exercer le droit de suffrage, on n'a jamais vu un Cafre franchir l'enceinte législative, et le jour où les anciens possesseurs du pays prétendraient y entrer, il y aurait tout simplement une révolution.

Les Anglais montrent en cela leur esprit pratique. Dans d'autres colonies, telles que la Nouvelle-Zélande, ils tolèrent la présence au Parlement de quelques indigènes ; mais ils savent que la race des Maoris est assurée d'une prochaine extinction, et n'ont donc point à craindre leur envahissement dans l'Assemblée législative. Tout autre est le cas de la colonie du Cap. Ici, à la différence du Canada et des contrées australasiennes, il y a la population de couleur qui, loin d'être menacée d'une future extinction, s'accroît au contraire de façon à créer une situation spéciale qui n'existe dans aucune autre possession britannique. Il fallait résoudre la difficulté, et elle fut résolue par l'admission des noirs aux urnes électorales. On proclama le principe que, dans un pays libre, la couleur ne pouvait influer sur les droits politiques, et le droit de suffrage fut accordé à tout sujet britannique résidant dans la colonie et justifiant d'une propriété ou d'un salaire d'une valeur déterminée. Cette valeur, qui paraîtrait fort élevée chez nous, est, en réalité, relativement basse, car les salaires sont beaucoup plus hauts ici qu'en Europe. Le Cafre des villes gagne très facilement cinq francs par jour, et le Cafre des campagnes occupe généralement un fort beau morceau de terre. Aussi, dans certains districts les électeurs noirs sont en majorité, et leur nombre s'accroît de jour en jour.

On le voit, la constitution de la colonie du Cap est une des plus libérales qui existent dans l'empire britannique : elle. admet aux urnes les ouvriers et les cultivateurs, et elle consacre l'égalité politique des blancs et des noirs. Mais si le principe est proclamé, il souffre en fait une violation flagrante : le Cafre a accès aux urnes, mais il n'a pas accès au Parlement ; il ne peut légiférer dans le pays qu'il occupe de temps immémorial. Ceux qui se proclament les amis des noirs ont d'étranges systèmes sur la prétendue égalité des races. Ils veulent bien reconnaître qu'un Cafre a tous les droits d'un Anglais, mais à condition que l'Anglais gardera son ascendant sur le Cafre ; ils veulent bien faire du Cafre un électeur, mais à condition que ce seront des élus de race blanche qui pourvoiront à son bonheur ; ils veulent bien que le Cafre concoure tout comme le blanc à la formation du Parlement, mais ils refuseront toute obéissance et toute estime à un Parlement composé de Cafres. Et pourtant, la colonie du Cap est située en Cafrerie, et la Cafrerie est peuplée de Cafres tout comme l'Inde est peuplée d'Hindous. Si les Cafres étaient capables d'une action commune, s'ils savaient ce que signifie le droit de suffrage, que deviendrait la colonie, que deviendrait le Parlement ! Le jour où ils se compteraient, ils pourraient se servir de leur droit de suffrage pour voter l'extermination des blancs ; mais il semble que l'assujettissement soit l'inévitable destinée de la race noire mise en présence de la race blanche, parce que, à défaut d'initiative et d'esprit de suite, elle est incapable de concerter un plan politique. Qu'on ne dise donc point qu'un Cafre est l'égal d'un Anglais : partout et toujours la race supérieure domine la race inférieure, même là où le suffrage de l'une vaut le suffrage de l'autre.

Depuis que la colonie du Cap jouit de la liberté politique, les rouages de la machine constitutionnelle ont parfaitement fonctionné. L'instabilité ministérielle, cette plaie des colonies australiennes à gouvernement responsable, fut autrefois le grand argument que firent valoir les adversaires du nouveau système; mais, grâce aux fortes tendances conservatrices qui dominent dans le pays en dépit des institutions démocratiques, leur prédiction ne s'est point réalisée. Le ministère Rhodes, constitué en 1890, n'est que le sixième depuis l'adoption du *Responsible Government Act*. Et pourtant, les seules prérogatives de la Couronne qui limitent les institutions locales sont la nomination du gouverneur et le veto, prérogatives qu'elle s'est réservée dans toutes les colonies à *self government*.

Le gouverneur, nommé par la reine, est roi dans la colonie : il a le droit de nommer et de renvoyer ses ministres, mais ne peut choisir que ceux qui ont la confiance de la majorité des chambres; c'est lui qui convoque, proroge ou dissout le Parlement; il donne ou refuse son approbation aux projets de loi, et avant de les sanctionner il peut les renvoyer aux chambres avec des amendements. Le salaire de deux cent mille francs qu'il touche annuellement est à charge de la colonie, mais l'indemnité pour frais de représentation est à charge de l'empire. Il est à la fois gouverneur et haut commissaire de Sa Majesté, et en cette qualité il représente l'autorité de la Couronne dans tous les territoires britanniques de l'Afrique du Sud. Le gouverneur est le seul officier public qui soit soumis au contrôle de la Couronne. Outre ce contrôle, il y a le veto, qui n'est pas ici, comme en Angleterre, un rouage sans fonctionnement : inutile là où la Couronne peut agir par l'intermédiaire des ministres, qui se retireront quand ils ne pourront faire rejeter par leur majorité les mesures qu'ils désapprouveront, le veto est souvent, dans les colonies, la seule sauvegarde contre les abus du système parlementaire.

La colonie du Cap ne serait pas une image de la métropole si elle n'avait, à côté du pouvoir royal personnifié par le gouverneur, toute une organisation de départements ministériels calquée sur celle qui fonctionne aux bords de la Tamise : premier ministre sans portefeuille, secrétaire colonial, placé à la tête du « civil service », tout à la fois ministre de l'Intérieur, de l'Instruction publique, des Postes et Télégraphes; attorney-général, ou ministre de la Justice et de la Police; trésorier-général, ou ministre des

Finances, de l'Agriculture, des Bois et Forêts ;
commissaire des terres de la Couronne et des
travaux publics ; secrétaire pour les Affaires indigènes. Les ministres forment, avec le gouverneur et le lieutenant-gouverneur, le conseil
exécutif auquel appartient la direction des affaires intérieures.

SIR HENRY LOCH

GOUVERNEUR DE LA COLONIE DU CAP

VI

SIR HENRY LOCH ET CECIL RHODES

J'ai dit que le gouverneur est roi dans la colonie, et j'ai pu m'en apercevoir aux matinées de Son Excellence sir Henry Loch. Tous les jeudis après-midi, il y a garden-party à Government House, et lady Loch, qui est reine dans la colonie, préside à la réception. On passe des salons à la véranda, et de la véranda à de merveilleux jardins, où des grues à huppe d'or et d'autres grands oiseaux rares se promènent en liberté à l'ombre des palmiers, des magnolias et des eucalyptus. On n'imagine pas une garden-party dans un cadre aussi féerique ! Tout le monde est admis à ces jeudis, le monde de teint blanc bien entendu, car l'égalité entre blancs et gens de couleur s'arrête à la frontière des relations mondaines. Mais, en dépit des principes démocratiques, on voit tout de suite que l'élite de la société ose seule paraître à ces réceptions, et que les petites gens s'abstiennent. C'est qu'ici on se sent en quelque sorte chez la reine, et l'on respire comme un air de cour où les classes inférieures se trouveraient mal à l'aise. Le défilé des visiteurs qui viennent s'incliner respectueusement devant la femme du gouverneur forme une procession continue, qui dure de trois à cinq heures, et les aides-de-camp, vêtus d'un habit à revers de soie bleue, ont fort à faire de décliner des centaines de noms. Je n'aurais jamais cru que le *high life* fût si nombreux dans cette ville de Cape-Town. Après avoir présenté leurs hommages à lady Loch, les invités vont saluer le gouverneur dans la véranda, puis se répandent dans les jardins, où la musique militaire joue les airs de la vieille Angleterre et donne le signal du départ par le traditionnel *God save the Queen.*

Government House, la résidence officielle du gouverneur général, n'a rien qui rappelle le luxe fantastique des résidences anglo-asiatiques. Elle m'a rappelé plutôt celle du gouverneur du Turkestan russe, à Tachkent : beaux jardins, mais laide demeure, assemblage assez disparate de constructions édifiées par pièces et morceaux et ajoutées les unes aux autres depuis les gouverneurs hollandais jusqu'au temps présent. Mais si la demeure a peu d'aspect extérieur, elle est luxueuse au dedans, et l'on y trouve une royale hospitalité. Que ne puis-je rendre la séduisante physionomie d'un dîner tout intime offert par sir Henry et lady Loch à quelques amis de la maison, parmi lesquels j'ai été charmé de re- trouver lord Henry Polet et sa jeune femme, avec qui j'avais fait la traversée d'Afrique. Il y avait aussi M. John Noble, secrétaire du Parlement, le savant auteur de la plus complète monographie qui ait été écrite sur l'Afrique australe. Enfin, le général commandant les troupes, le secrétaire militaire du gouverneur, les aides-de-camp. Lady Loch, qui avait bien voulu destiner à un obscur étranger la place la plus eu vue, parle la langue française avec une parfaite aisance, ayant résidé plusieurs années à Paris à l'époque où lord Lytton, dont elle est la belle-sœur, y était ambassadeur. Que de pays passés en revue dans une vive et spirituelle causerie ! L'Inde, la Chine, le Japon n'ont pas plus de secrets pour elle que Paris et Bruxelles. Depuis trois ans qu'elle réside en Afrique Australe, où l'hiver est si doux, elle est devenue extraordinairement frileuse, et il paraît que c'est là un des effets de ce climat étrange. Chez le représentant de Sa Majesté, le souvenir de la gracieuse souveraine n'est jamais oublié, même dans les réunions sans caractère officiel. Le gouverneur prononce à la fin du repas le simple mot « *the Queen !* », mot magique qui fait monter à toutes les lèvres la coupe de champagne et ranime dans les cœurs les sentiments de loyauté qui vibrent aussi fortement dans cette lointaine colonie que dans la mère-patrie. Depuis quelques heures, le câble avait apporté d'Europe la sinistre nouvelle de la perte, corps et biens, du cuirassé

« le Victoria », et ce tragique événement, ressenti ici comme un désastre national, avait imprimé aux fronts une empreinte de deuil.

Deux mots sur sir Henry Loch, le gouverneur le plus populaire qu'ait eu la colonie, adoré même dans les pays voisins, et, lors d'une tournée au Transvaal, tellement acclamé à Pretoria qu'il excita, dit-on, la jalousie de M. Kruger, président de la République. On n'imagine pas une physionomie d'une plus imposante beauté : mon admiration se trouvait partagée entre son œil bleu d'une douceur infinie et sa magnifique barbe blanche qui lui donne je ne sais quelle majesté royale. La vice-royauté qu'il exerce est la récompense d'une des carrières les plus mouvementées qu'ait parcourues un homme d'État. Entré bien jeune dans la cavalerie du Bengale, il fit plusieurs campagnes dans l'Inde, passa ensuite en Turquie avec le grade de major et prit part à la guerre de Crimée. Il alla ensuite en Chine, où il fut adjoint à l'ambassade de lord Elgin, et ce fut lui qui rapporta en Angleterre le fameux traité de Yeddo. Retourné en Chine lors de la guerre de 1860, il y trouva des aventures inouïes qui lui firent une auréole de popularité. Lord Elgin l'envoya en parlementaire à Pékin ; mais les Chinois, au mépris du drapeau blanc, le firent traîtreusement prisonnier et lui firent subir les plus atroces traitements. On l'enferma au milieu des plus vils criminels, dans un horrible cachot — et l'on sait ce que sont les cachots chinois, — on lui serra les poignets derrière le dos, au point que ses mains faillirent se gangrener, on le chargea de grosses chaînes qui le maintenaient immobile, on lui fit endurer les tourments de la faim et de la soif. Par un raffinement de cruauté chinoise, chaque soir un mandarin venait lui apporter la nouvelle qu'il serait décapité le lendemain; chaque matin, on lui annonçait que le supplice était différé. Au bout de trois semaines de tortures physiques et morales, le mandarin vint lui dire que le premier ministre de l'empereur avait décidé de lui rendre la liberté, et lui annonça qu'il serait reconduit le jour même au camp anglais. Pour toute réponse, sir Henry et Parkes, son infortuné compagnon de captivité, qui parlait le chinois, demandèrent au mandarin, avec leur flegme britannique, son opinion sur le point de savoir si la lune tourne, comme la terre, sur son axe. Ils avaient, depuis leur capture, expérimenté tant de fois les vacillations et les tromperies du gouvernement chinois, qu'ils ne pouvaient croire à leur délivrance avant qu'elle ne fût un fait accompli. Cette fois, pourtant, le mandarin avait dit la vérité. Mais à peine les prisonniers avaient-ils rejoint l'armée des Alliés qu'ils apprirent par un espion chinois que l'empereur avait, le jour même de leur délivrance, signé, l'ordre de les exécuter immédiatement, et que cet ordre était parvenu à la prison quinze minutes après qu'ils en avaient franchi les portes.

Sir Henry a fait l'émouvant récit de ses aventures en Chine dans un livre très captivant qu'il m'a gracieusement offert en y inscrivant une ligne aimable (1).

Une figure d'un tout autre caractère que celle du gouverneur de la colonie est celle du premier ministre, l'honorable M. Cecil Rhodes, celui dont lord Randolph Churchill a dit qu'on ne saurait parler de l'Afrique d'aujourd'hui ni de l'Afrique de demain sans parler de « l'homme d'État colonial probablement le plus connu et le plus puissant de ce temps-ci et de tous les temps ».

J'ai été présenté au premier ministre au *Civil Service Club*, et incontinent, avec cette brusquerie qui est dans son caractère, il m'a invité à dîner le lendemain à Rondebosch, où il habite, à douze kilomètres de la ville, le plus beau château des environs, dans un site frais et ombreux, au pied du revers méridional de la Table. Je m'y rends en voiture, avec l'aimable major Sapte, secrétaire militaire du gouverneur, charmant officier qui a conquis toutes mes sympathies. Comme la route est longue, il fait nuit quand nous entrons dans le parc du château, mais je devine combien belle doit être la drève : on se

(1) Personal Narative of occurrences during lord Elgin's second embassy to China, 1860. By Henry Brougham Loch. Londres, John Murray.

CECIL RHODES

PREMIER MINISTRE DE LA COLONIE DU CAP

croirait dans un domaine seigneurial de la
vieille Angleterre ; mais non ! nous sommes
bien au fond de l'Afrique : voyez ces laquais
qui s'empressent, ce sont de purs Cafres.

Réception tout intime. Point de dames, et
pas plus de six convives, suivant le précepte de
Brillat-Savarin. Un ancien ministre, deux membres du Parlement, lord Polet, que je retrouve
dans tous les salons, et le major. Dans ce ma-
noir de Rondebosch, on ne se croirait guère chez
le plus opulent de tous les premiers ministres :
peu de luxe, mais le goût et le confort anglais,
mélange de simplicité et de raffinement. Et puis
une hospitalité franche et cordiale, une politesse
enjouée et pleine de bonhomie, coupée de mots
primesautiers, de saillies humoristiques, de fines
ripostes, de réflexions inattendues, tout cela dit
avec un inimitable aplomb. Vingt-cinq années
de séjour en Afrique ont fait de lui un Africain.
Il n'y a pas d'homme qui connaisse mieux cette
partie du monde, non seulement l'Afrique australe, mais le continent tout entier, depuis le
cap de Bonne-Espérance jusqu'au Delta du Nil,
qu'il a visité l'année dernière, et qu'il projette
de relier au Cap par un télégraphe transconti-
nental. S'intéressant à toutes les choses d'Afrique,
il suit de près la question du partage du continent noir, née de la grandiose initiative civi-
lisatrice du roi des Belges. Il m'a parlé de cette
question avec la rude franchise d'un homme qui

va droit au but. Je conserve comme un curieux document une petite carte d'Afrique qu'il m'a autorisé à mettre en poche, et sur laquelle, entre le moka et le havane, il me traçait au crayon, de sa nerveuse griffe de lion, de gros traits s'accentuant ou s'affaiblissant suivant l'énergie avec laquelle il élevait ses revendications (1).

L'Afrique ne l'intéresse pas seulement au point de vue politique. Sa maison est un véritable musée africain, et c'est en passionné archéologue qu'il nous a montré les antiquités qu'il a rapportées d'un voyage d'exploration aux ruines de Zymbabwe, et dont il a généreusement offert la plus grande partie au musée de Cape-Town, où je venais de les admirer. Il est convaincu que ces antiquités sont phéniciennes, et que le fameux pays d'Ophir se trouvait en Afrique australe, et il nous a développé sa thèse avec autant de verve que d'ingéniosité.

Les Plutarque du vingtième siècle retraceront l'étonnante carrière de cet homme arrivé ici pauvre et obscur, et aujourd'hui, à quarante ans, parvenu au comble de la fortune et de la célébrité. Fils d'un clergyman de village, dont il est le sixième enfant, il s'embarque à quinze ans sur un voilier, condamné par son médecin qui le déclare poitrinaire, et n'ayant que sa valise

____

(1) Un passage de mes notes est ici supprimé. On comprendra ma réserve.

et quelques souverains. Il s'établit d'abord comme planteur au Natal, mais il échange bientôt la canne à sucre et le coton pour les diamants : c'est en 1870, à l'époque où le district diamantifère de Kimberley vient d'être découvert ; faisant route dans son chariot à bœufs, il y arrive un des premiers, et conquiert en peu de temps, sur le haut plateau du Karou, la santé et la fortune. Mais il s'aperçoit alors que la santé et la fortune ne suffisent point pour faire un homme : il va chercher la science à Oxford, et pendant cinq ans il vogue entre l'Europe et l'Afrique, passant la moitié de l'année à l'université, l'autre moitié aux champs de diamants. En 1881, — il n'a alors que vingt-huit ans, — il entre dans le ministère Scanlen comme ministre des Finances, ou, plus exactement, trésorier-général de la colonie, et c'est à cette circonstance qu'il doit de n'être point poignardé avec Gordon à Khartoum. Gordon, qui l'avait rencontré au Cap, avait deviné en lui un homme peu ordinaire, et qui lui ressemblait par plus d'un côté : il aimait à lui dire qu'il était un de ces hommes qui n'approuvent jamais que ce qu'ils ont eux-mêmes conçu. Gordon voulut le mener à Khartoum, et Rhodes eût accepté si, par bonheur, il n'eût été trésorier-général. C'est ainsi qu'il échappa aux mahdistes comme il avait échappé à la phthisie. Un jour, il rencontre à Londres le digne médecin qui l'avait condamné dans sa jeunesse. « Vous, le même

Rhodes, sir ? » lui dit le médecin stupéfait.
« Impossible ! suivant mes carnets, vous êtes
enterré depuis dix ans : sous votre nom j'ai ins-
crit la mention : tuberculose, guérison impossible. » Le mot *impossible* n'existe point au dic-
tionnaire d'un homme de cette trempe. Il faut
l'entendre raconter cette anecdote et le voir
contrefaire l'étonnement du brave docteur. On
ne s'imagine pas l'effet d'une histoire aussi
comique dans la bouche d'un premier ministre.

A voir son œil gris et rêveur et sa démarche
un peu indolente, on ne soupçonnerait guère la
dévorante activité avec laquelle il sait mener
tout à la fois les plus gigantesques affaires
financières et les affaires de l'État. C'est lui qui
est l'âme de la puissante compagnie à charte
British South Africa, dont il est le fondateur ;
c'est lui qui est l'âme de la célèbre compagnie
De Beers Diamond Mining, qui monopolise
l'exploitation des champs de diamants. Tout à la
fois homme d'État et homme d'affaires, il est
appelé par les uns « le Premier » et par les autres
le « Roi des Diamants ».

Ses envieux — quel homme supérieur n'en a
point ! — ne manquent pas de lui reprocher cette
dualité, qui n'est certes point banale. Ils n'admet-
tent point qu'un astre gravite dans une double
sphère d'action; ils se demandent si l'homme
d'État se sert de sa politique pour faire réussir
ses finances ou de ses finances pour faire réussir

sa politique. Ce qui est certain, c'est que sa politique a réussi comme ses finances, et qu'il répond par le succès aux attaques de ses détracteurs. Quoiqu'il ait acquis d'immenses richesses, il fait peu de cas de l'argent. Il a maintes fois contribué de sa fortune personnelle aux expéditions militaires destinées à agrandir les territoires de l'Empire Britannique. Il n'a jamais voulu toucher le salaire très élevé auquel il a droit comme premier ministre. Un jour il envoya à Parnell une somme de deux millions et demi pour supporter la cause du Home Rule. Son idole n'est point l'argent, mais le pouvoir. Le but qu'il a constamment poursuivi est d'annexer tous les territoires non occupés, afin de rendre impossible aux Boers du Transvaal toute extension de frontières. Son ambition ne se borne pas, comme celle de ses prédécesseurs, à gouverner une colonie : il a la passion du grand, c'est un empire qu'il lui faut fonder, et cet empire il le rêve aussi vaste que l'Europe. Il était déjà ministre quand, passant un jour devant la vitrine d'un libraire, il se mit à considérer une carte de l'Afrique : montrant du doigt un immense morceau du continent, il dit à un de ses amis, sur le ton bref et décidé qui lui est habituel : « Tout ce morceau anglais, voilà mon rêve ! » — « Je vous donne dix ans, » lui répondit son interlocuteur. Le délai est presque écoulé, le rêve est presque accompli. La guerre contre les Matabélés n'est qu'une des éta-

pes du but qu'il poursuit avec son indomptable
assurance. Comme tous les caractères de haute
trempe, il ne vise point à la popularité. Les attaques dont il est l'objet à la tribune et dans la
presse, dans la métropole et dans la colonie, le
laissent parfaitement indifférent, parce qu'il sait
qu'il est l'homme nécessaire. Où s'arrêtera son
ambition? Il a, en dix ans, tellement modifié la
carte de l'Afrique australe que le chemin qu'il
a parcouru fait prévoir celui qu'il parcourra.

VII

LES AFRICANDERS

Tous les hommes de gouvernement qui se sont succédé dans la colonie du Cap se sont trouvés en face du grand problème de la diversité des races de l'Afrique australe. Il y a la question indigène, il y a la question hollandaise. S'il n'y avait que deux éléments en présence, l'Anglais et le Boer, ou encore l'Anglais et le Cafre, la situation serait simplifiée, sans être toutefois aussi simple que dans les colonies de l'Australie et du Canada, où il n'y a guère que des Anglais ; mais dans l'empire sud-africain les choses se compliquent du contact de trois éléments à la fois, éléments si disparates qu'ils se mélangent sans se combiner. L'Anglais gouverne, le Boer possède, le Cafre encombre. L'Anglais gêne le Boer, le Boer est réfractaire à l'Anglais, le Cafre est dans le chemin de l'un et de l'autre, il est un obstacle à l'émigration, obstacle sans cesse grandissant, car le Cafre est prolifique et s'accroît rapidement.

L'irréductibilité des deux éléments blancs ne tend guère à simplifier le problème : ni l'Anglais, ni le Boer ne sont malléables, l'obstination est le propre de l'un et de l'autre. Le Boer se souvient que l'Anglais est venu en envahisseur, mais il oublie qu'il fut lui-même un envahisseur. Quand les Anglais débarquèrent au Cap, ils y trouvèrent les Hollandais ; mais les Portugais y étaient venus avant les Hollandais. Les Portugais firent la découverte du Cap, les Hollandais y fondèrent un établissement commercial, les Anglais en firent une colonie. Et du jour où ils en firent une colonie, ils eurent la « question hollandaise ». La conquête du Cap leur suscita la question hollandaise, tout comme la conquête de l'Irlande leur suscita la question irlandaise.

L'Angleterre, en prenant possession du pays, y trouva l'esclavage, institué par la Compagnie hollandaise des Indes Orientales. Les esclaves n'étaient pas des indigènes, mais des nègres importés des autres parties de l'Afrique, des insulaires de Madagascar, des Malais des Indes néerlandaises. L'esclavage était une institution profondément enracinée dans les mœurs du Boer. L'Angleterre émancipa les esclaves, et le Boer, que cette mesure révolta parce qu'elle le lésait, protesta en s'en allant. Dans la langue du Boer, il y a un mot, « *trekken* », qui signifie littéralement « tirer », et dont le sens local est, si je ne fais erreur, atteler les bœufs pour tirer le chariot, en d'autres termes, quitter le pays, partir en masse, émigrer à la recherche d'une nouvelle patrie située plus au nord, là où il n'y a pas d'Anglais. Donc, des milliers de Boers trekkèrent vers les régions inconnues qu'arrose la rivière du Vaal, emmenant leurs bestiaux et emportant leur Bible, qui constitue toute là bibliothèque du Boer. C'est alors qu'ils fondèrent les républiques qui devinrent l'État libre d'Orange et le Transvaal, ou *Zuid Afrikaan Republiek*. Ce grand « *trek* » eut lieu de 1834 à 1838, précisément à la même époque que l'expatriation des paysans irlandais, et c'est un fait assez curieux que la question hollandaise, tout comme la question irlandaise, date d'un exode.

Les vieux résidents hollandais qui n'avaient point trekké, et qui formaient, après tout, la majorité de la population blanche, nourrissaient des jalousies profondes à l'égard des nouveaux venus. Ils supportaient avec impatience le joug de l'Angleterre, et ils voulaient, comme l'Irlande, le self-government, ou, pour parler leur langue, le *zelf-standigheid*. Le premier pas dans cette voie fut la constitution de 1854, qui accordait à la colonie un gouvernement représentatif; le second pas fut l'acte de 1872, qui l'érigeait au rang des colonies à gouvernement responsable ; et depuis lors, l'empire sud-africain a continué à évoluer dans la voie de l'autonomie. L'évolution s'est accentuée lors de la guerre du Transvaal, et l'affaire d'Amajuba a été le point de départ d'une ère nouvelle.

La défaite infligée aux armes anglaises à la suite de la politique vacillante de M. Gladstone rendit aux Boers toute leur audace. Ils jetèrent ce fier défi : « L'Afrique aux Africanders ! » ce qui voulait dire naturellement : « L'Afrique aux Hollandais ! » On eût compris le mot : « L'Afrique aux Africains ; » mais comme les Hollandais furent des envahisseurs tout comme les Anglais, le cri des Boers n'était qu'un non-sens. Qu'est-ce qu'un Africander? Sur ce point, le Boer avait ses idées à lui. Les premiers blancs qui s'établirent au Cap n'étaient pas seulement des Hollandais, il y avait aussi des Allemands, des Scandinaves, des Flamands, des Huguenots de France ; le Boer parle le hollandais, mais il ne veut pas être Hollandais; il veut être Africander, exactement comme les descendants des conquérants du Mexique ne veulent pas être Espagnols, mais Mexicains. Et le Hollandais d'Europe est aussi méprisé en Afrique que l'Espagnol est méprisé à Mexico.

Une ligue nationale fut fondée, à l'instar de la ligue nationale irlandaise, et elle s'appela « *Africander Bond* ». M. Hofmeyr, un Hollandais dont le nom trahit, tout comme le physique, une origine allemande, se mit à la tête du mouvement, et devint le Parnell des Africanders.

Au début, le Bond out les allures d'une agitation franchement séparatiste. C'était une ligue exclusivement hollandaise, organisée en haine de l'Angleterre. Le Bond élabora une constitution d'un caractère mi-religieux, mi-politique, tout comme la « Primrose League ». Le premier article contenait cette déclaration, que la société reconnaît le doigt de Dieu dans les affaires des nations. Dans l'article 2, le but de la ligue était ainsi défini : « Une nationalité pure, une Sud-Afrique unie. » Et le projet primitif contenait en outre les mots « unie sous son propre drapeau ». La fraction la plus ardente de la ligue tenait vivement à ce que ces mots fussent maintenus, mais M. Hofmeyr les élagua. Le Bond eut bientôt des milliers d'adhérents, et devint une puissance avec laquelle il fallait compter. M. Hofmeyr, le chef de la ligue nationale, était considéré comme un dictateur, et une place lui fut donnée dans le ministère Scanlen, où il figura comme ministre sans portefeuille. Les Anglais durent concéder aux Hollandais le droit de parler leur langue au Parlement. Ils leur firent d'autres concessions, ils se rapprochèrent d'eux, ils travaillèrent à éteindre les vieilles jalousies nationales, ils mirent les diverses nationalités et les diverses races sur une commune plate-forme, où l'une ne devait pas être plus favorisée que l'autre. Ce fut la politique de sir Gordon Sprigg, ce fut surtout celle de M. Rhodes, qui n'a jamais rien fait sans l'assentiment des leaders du Bond,

et qui passe pour être l'ami intime de
M. Hofmeyr. On dit même que M. Sivewright, le
bras droit de M. Rhodes, est membre du Bond.
Politique d'une très grande habileté, qui témoi-
gne de la sagesse de ces hommes d'État : ils ont
su, par leur tact, transformer un mouvement
séparatiste en un mouvement unioniste, ils ont
su faire du dictateur Hofmeyr un loyal sujet de
l'Empire Britannique. Si bien qu'on vit s'éclipser
et se fondre le parti extrême du Bond, le parti
qui rêvait une république sud-africaine de langue
hollandaise, ou une fédération comprenant le
Cap et tous les États voisins.

Aujourd'hui la formule de l'Africander Bond
n'est plus la séparation de l'Empire, mais l'autonomie dans l'Empire. L'appellation d'Africander a perdu son sens étroit et antagoniste : autrefois, le Boer voulait être Africander à l'exclusion des Anglais ; aujourd'hui, Anglais et
Boers se disent Africanders dans le sens large
du mot, tous sont unis dans un même sentiment
de loyauté envers l'Empire Britannique. La
Sud-Afrique unie, la nationalité pure n'est plus
l'aspiration vers une république de langue hollandaise, mais l'union de tous les colons qui regardent l'Afrique du Sud comme leur pays et
l'Angleterre comme leur suzeraine. Plus d'ani-
mosités de races, plus de jalousies nationales,
plus de question hollandaise. Si elle subsiste
encore, cette vieille question, c'est au delà des

frontières de la colonie du Cap, dans les répu-
publiques des Boers, dans l'Orange, au Transvaal;
mais au Cap, on voit partout les signes d'une
complète fusion des races. Depuis que les Hollandais peuvent parler leur langue au Parlement,
les Anglais s'efforcent de les comprendre. La
prochaine génération parlera les deux langues.
Les Hollandais sont élevés en anglais, les Anglais sont élevés en hollandais, et il n'est pas
rare que les uns et les autres ne comprennent
plus leur langue originelle. De jour en jour les
mariages deviennent plus fréquents entre les
deux races. C'est une période de transition, et la
transition consiste en ceci, que l'Africander
n'est plus le Hollandais aux aspirations républicaines, mais le colon sud-africain sans dictinction
d'origine, qui considère comme ses compatriotes
tous les colons sud-africains.

Cette conversion des séparatistes en autono-
mistes, d'une ligue particulariste en ligue vraiment nationale, ne se serait jamais faite sans le
sens pratique et le tact des hommes d'État qui
se trouvaient en présence. Le Bond était un
torrent qu'il fallait endiguer, et les leaders
anglais y ont réussi en allant au devant du torrent et en rencontrant à mi-chemin le leader
hollandais. Ils ont fait à M. Hofmeyr toutes les
concessions que leur conseillaient de faire la
justice et la générosité, et ils ont su creuser ainsi
un canal dans lequel le torrent est devenu une

paisible rivière. Les nationalistes hollandais fondèrent le Bond à une époque où ils réclamaient
ce qu'ils appellent *Zelfstandigheid*, ce que les
Anglais appellent *Home-Rule*. Aujourd'hui que
le Home-Rule est devenu une réalité, aujourd'hui
que l'union et l'égalité des races ont fait place
aux rivalités et aux jalousies, il n'y a plus de raison pour que la séparation doive figurer au programme de l'Africander Bond. Et c'est ce que
comprennent les hommes qui forment l'élite des
Africanders, les de Villiers, les Reitz, les Du Toit,
et même les Hofmeyr. A force de tact et de sagesse, Hofmeyr a su modérer l'ardeur de ses
adhérents, et le Bond, qui, à l'origine, ressemblait à une association de fenians, est devenu
une ligue de loyaux sujets de la Couronne.

« Que parle-t-on de l'indépendance de notre
pays ! » disait un jour le fondateur du Bond (1).
« Je n'ai jamais voulu toucher à cette question. J'ignore si dans un avenir éloigné l'Afrique
du Sud ne deviendra pas indépendante, mais ce
que je sais, c'est que je ne vivrai pas assez
longtemps pour le voir. Je ne pense pas que
l'Afrique du Sud soit mûre pour l'indépendance.
Il est un fait indéniable, c'est que Hollandais
et Anglais ne comprennent pas encore et ne parlent pas le langage les uns des autres comme
ils devraient le parler et le comprendre ; et ce

(1) Discours prononcé dans un banquet, à Cape-Town.

serait folie de vouloir l'indépendance de l'Afrique
du Sud avant que tous les colons puissent se
comprendre. Nous jouissons de toutes les libertés
sous la Couronne Britannique. Si mes concitoyens hollandais ont des ennuis à supporter,
ces ennuis ne viennent point du gouvernement
anglais, mais sont le résultat des divisions qui
règnent parmi les colons. » Dans ce même discours, le leader des Africanders protestait contre
les appréciations fausses dont sa politique était
l'objet dans la presse anglaise, qui le représentait comme un républicain ou comme un nihi-
liste. « On a prétendu, disait-il, que l'Africander
Bond n'avait d'autre but que de renverser le drapeau britannique dans l'Afrique du Sud et d'y
substituer le drapeau républicain. Si tel était
l'objet du Bond, je n'en serais point un des chefs.
Il se peut qu'il y ait des républicains au sein du
Bond, mais, s'il y en a, je voudrais les voir
exposer leurs vues dans une de nos assemblées :
on leur fera un accueil dont je ne voudrais pas
être l'objet. Et si l'on me demande quel est le
grand mobile de ma politique, je dirai qu'il ne
faut pas de divisions nationales dans notre
colonie. Qu'importe qu'il y ait des différences
de race, des Anglais, des Hollandais, des Allemands ? Le même fait n'existe-t-il pas en Angleterre ? Écossais, Gallois, Irlandais n'ont-ils pas
d'autres origines que les Anglais ? Ce que je
m'efforce d'obtenir, c'est que mes concitoyens

hollandais usent des droits et des privéléges que leur confèrent les institutions représentatives de la colonie, et que des sympathies s'établissent entre eux et les autres éléments du pays. Si c'est là être déloyal, ce n'est pas être plus déloyal que les Écossais qui veulent qu'on ne discute pas sans eux les questions écossaises au sein du Parlement britannique. » M. Hofmeyr est un homme dont les déclarations peuvent être crues, et ses déclarations sont assez claires pour dissiper tous les doutes au sujet des aspirations prétendûment républicaines de l'Africander Bond. Si l'existence même du Bond atteste qu'un esprit de séparatisme a soufflé sur la colonie, on peut croire qu'il y aura, dans l'avenir, des leaders aussi clairvoyants que M. Hofmeyr pour contenir de telles tendances.

Qu'il se forme ou non une confédération des États sud-africains vers laquelle paraissent tendre les événements, on peut prévoir, sans être prophète, que l'élément hollandais ne résistera point à la puissance d'absorption des Anglo-Saxons, pas plus qu'elle n'y a résisté en Amérique, où le premier établissement des Hollandais, la Nouvelle-Amsterdam, est devenue la ville gigantesque de New-York. Déjà les chemins de fer de la colonie du Cap s'étendent bien au delà des limites du pays : ils atteignent, à travers l'État libre d'Orange, la capitale du Transvaal, et le réseau est destiné à relier, dans

un avenir prochain, tant au point de vue straté-
gique qu'au point de vue commercial, les possessions britanniques du Cap, du Bechuanaland et
du Zambèse. Appuyée sur sa puissante base du
cap de Bonne-Espérance, l'Angleterre s'avance
à pas de géant vers la conquête de toute l'Afrique
australe. La guerre avec les Matabélés est une
nouvelle étape vers cette prise de possession.
Elle a pris pied au Cap au commencement de ce
siècle, elle possédera bientôt tout le morceau
des Indes Noires où la race blanche peut s'accli-
mater et faire souche.

VIII

LE KAROU

J'avais épuisé à peu près toutes les curiosités de la ville du Cap et des environs. Je connaissais la banlieue, depuis Sea Point jusqu'à Simonstown. J'aurais bien voulu faire l'ascension de la montagne de la Table, mais je dus y renoncer à cause de cette fâcheuse influenza contractée en Europe, disparue dès les premiers jours de la traversée, et revenue au galop dès mon débarquement au Cap. L'Océan m'avait rendu l'appétit, le sommeil et la gaieté ; l'hiver humide du Cap m'avait réconcilié avec tous les mauvais tours du microbe retrouvé dans l'autre hémisphère. Les dîners raffinés de Government House, de Rondebosch et de Wynberg ne m'offraient que des jouissances purement platoniques. Au bout de quelque jours, j'étais tombé dans cet état nostalgique qu'un changement de climat et la vue de nouveaux horizons peuvent seuls guérir. Malgré moi, je subissais l'influence de ce mystérieux mal du pays qui saisit, on ne sait pourquoi, tous ceux qui arrivent au Cap, et particulièrement les Anglais, qui, à peine débarqués, regrettent l'Angleterre.

Je résolus donc d'aller me retremper dans l'air sec et vivifiant du Karou, le haut plateau sud-africain, où l'on me disait que je ne pouvais manquer de rétablir comme par enchantement ma santé délabrée. J'étais arrivé à Cape-Town dans la saison des pluies : on m'assurait que je trouverais au Karou la saison sèche. Singulier pays! L'hiver, qui est le temps des pluies au Cap, est le temps de la sécheresse sur le plateau ; l'été, qui est le temps de la sécheresse au Cap, est le temps des pluies sur le plateau. Et il suffit, pour changer de climat, d'une nuit passée en chemin de fer.

La veille de mon départ, je pris congé du gouverneur général et de tous les amis qui m'avaient prodigué leurs politesses affectueuses. Le gouverneur me combla de bontés : non content de me faire voyager sous sa haute protection, en me recommandant aux autorités des pays que je me proposais de visiter, il me fit délivrer un billet de libre parcours sur toutes les voies ferrées du gouvernement du Cap, et prit même les arrangements nécessaires pour qu'un wagon-lit fût mis à ma disposition à la gare de De Aar, où s'opère le changement de train pour Kimberley.

Ici comme en Amérique et en Australie, comme dans tous les pays neufs, les trajets sont longs. Notre première étape, de Cape-Town à Kimberley, est, d'après les indications de l'horaire, de 647 milles, soit de plus de mille kilomètres, et nous mettrons près de deux jours et deux nuits à la franchir par le train rapide du jeudi. Il y a, en outre, tous les jours un train ordinaire, mais comme le rapide et l'ordinaire partent invariablement à *neuf heures du soir*, on perd la plus belle partie de la route, la traversée des montagnes sur lesquelles la voie s'élève pour gagner le haut plateau du Karou. C'est fâcheux, mais dans ce pays, où ne viennent guère que les *business-men*, le chemin de fer est fait pour eux et non pour les amateurs de beaux paysages.

La colonie du Cap a adopté le système des chemins de fer à voie étroite, qui ne trouve peut-être nulle part ailleurs une adaptation aussi vaste et aussi bien appropriée à l'orographie spéciale de l'Afrique Australe : une zone littorale qu'il fallait rattacher à un plateau intérieur atteignant jusqu'à deux mille mètres d'altitude, et accessible seulement au matériel léger des voies de petite section. Le réseau des chemins de fer de l'Afrique du Sud a commencé à prendre une rapide extension lors du mouvement d'immigration, du « *rush* », comme disent les Anglais, que provoqua, il y a une vingtaine d'années, la découverte des mines de diamants du Griqualand Ouest. C'est à cette époque que le Parlement du Cap décréta la construction des trois grandes lignes ayant leurs points de départ respectifs dans les trois principaux ports de la colonie, Cape-Town, Port-Élisabeth et East-London. Ces lignes forment trois systèmes convergeant vers Kimberley et vers l'État libre d'Orange et unis par des lignes secondaires. Grâce à elles, Cape-Town n'est plus qu'à trente-six heures de Kimberley et à cinquante-deux heures de Pretoria et de Johannesburg, la nouvelle El Dorado de l'Afrique. Le réseau est entièrement entre les mains du gouvernement du Cap, et il offre cette curieuse particularité qu'il se prolonge au delà des limites du territoire de la colonie, en vertu d'une convention intervenue entre elle et les États de l'intérieur de l'Afrique Australe. Cette convention, autorisant une colonie maritime à construire des chemins de fer à travers les États voisins, se rattache à une autre convention créant une union douanière entre tous ces États, proclamant la liberté commerciale pour les produits exportés, et établissant un tarif uniforme pour les marchandises importées.

Et maintenant, en route pour l'intérieur de l'Afrique ! Les voyageurs pour la Cafrerie, en voiture ! Dans peu d'années, on traversera sur le rail tout le continent noir, voire même le Congo et la grande forêt de l'Arouhouimi. Les *terræ incognitæ* d'hier seront demain envahies par les touristes. L'Afrique Centrale sera aussi banale que la Suisse ou l'Italie.

Nous voici donc à la gare, éclairée à giorno par

la lumière électrique, au lieu même qui servait jadis de promenoir aux éléphants. Le *mail-train* chauffe pour les champs aurifères et les champs de diamants. Et comme un *mail-steamer* est arrivé aujourd'hui de Londres, il y a beaucoup de monde, et, sans la présence de nombreux noirs, on pourrait se croire dans n'importe quelle gare d'Angleterre. Les amis qui restent assistent au départ de ceux qui partent. Le chef de gare, quoique très affairé, veille sur moi, me recommande au conducteur du train, et me case dans une voiture de luxe où nous ne serons que deux voyageurs par compartiment. Cette voiture est un *dining-car*, wagon-restaurant, qui devient wagon-lit pendant la nuit : en un tour de main, les tables se transforment en couchettes. Il y a des coussins de cuir, mais il n'y a point de couvertures : le voyageur est censé en être muni. A cause du peu de largeur de la voie, les voitures sont un peu petites, mais on s'y fait, car elles offrent tout le confort compatible avec leurs dimensions. Portées sur des systèmes de roues à pivot, en vue des courbes très nombreuses, elles sont construites sur le plan des *Pullman cars* américains, dont elles offrent une ingénieuse réduction. Ce qui complète la ressemblance, c'est la cuisine placée à l'arrière du wagon, et dont le service est fait, tout comme en Amérique, par des noirs, qui sont ici des Cafres authentiques.

J'ai pour voisin un Boer qui réside près de la rivière du Vaal. Sa barbe taillée en brosse, sa carure athlétique me font songer aux rudes pionniers du Far West. Il fume de gros cigares, m'en offre un en disant bien haut qu'il coûte deux shillings, et me passe les journaux illustrés anglais arrivés par le courrier du matin. Pour un Boer, c'est un homme aimable. Il se souvient du temps où il n'y avait pas un kilomètre de chemins de fer dans toute l'Afrique Australe. On voyageait alors dans le légendaire char à bœufs, et il fallait des mois pour atteindre la rivière du Vaal, qui se trouve maintenant à deux jours du Cap. Le wagon de luxe éclairé par la lumière électrique, si étroit qu'il soit, vaut mieux, après tout, que le char à bœufs !

C'est pendant la nuit que nous escaladons la haute barrière des montagnes qui forment le piédestal du plateau central. Mon voisin m'assure que je perds beaucoup à ne point voir à la lumière du jour cette partie du trajet, qui rappelle le passage du Saint-Gothard, et qui offre la même succession de courbes et de zigzags, de tunnels et de viaducs, à travers de splendides montagnes dont les cimes, couvertes de neiges en cette saison d'hiver, évoquent le souvenir des Alpes en pleine Afrique Australe. Cette ascension de plus de mille mètres se fait à l'aide de deux machines, attelées l'une à l'avant, l'autre à l'arrière du train. Au milieu de la nuit et en pleine montée, le train a dû s'arrêter: de grosses pluies avaient détruit une partie de la voie, et il a fallu la réparer. Puis on a marché avec une prudente lenteur, et nous avons subi ainsi un retard de quelques heures.

Quand, au lever du jour, on s'éveille sur le Karou, on se trouve dans un autre monde, un monde placé au sommet des montagnes gravies pendant la nuit, un monde situé à l'altitude du point culminant de la montagne de la Table. Et alors qu'on s'attend à descendre sur le versant opposé, on constate à sa grande surprise qu'il n'y a point de versant opposé, et que ce qu'on prenait pour une haute chaîne de montagnes n'est que le soubassement d'un immense plateau. Et la locomotive, essoufflée de sa pénible escalade, court maintenant à toute vapeur sur une plaine ondulée, aussi vaste que la France. L'effet est surprenant : c'est un changement de décor qui vous plonge dans une sorte d'ahurissement, et le contraste est si complet qu'il semble qu'on ait changé de planète. Où sont les villes et les villages ? Où sont les bois ? Où sont les champs ? Où sont les hommes ? Vous les cherchez, et vous ne les trouvez plus : disparus, évanouis comme par enchantement. Il n'y a plus un vestige d'habitation, et à peine un vestige de vie. Vainement l'œil cherche un arbre à l'horizon : c'est le désert, non point le Sahara nord-africain avec ses dunes de sable, non point le Gobi de la Mongolie ou le

Kara-Koum de l'Asie centrale, mais le Karou, et le Karou ne se voit nulle part ailleurs que dans l'Afrique Australe. Et quand on a vu le Karou, l'impression se grave à jamais dans la mémoire.

Karou (1)! Un mot d'une étrange saveur locale, emprunté à la langue des Hottentots. Il paraît que le mot signifie une plaine déserte. Mais le mot, si tel en est le sens, ne peint point la chose. Une plaine, mais une plaine hérissée de mille collines fantastiques profilant sur le ciel tantôt des cônes pointus auxquels les Boers donnent le nom de *kopjes* (pitons), tantôt des trapèzes aux longues lignes horizontales, aussi géométriques que des constructions militaires, rappelant par leur forme tabulaire la classique montagne de la Table qui domine Cape-Town, et dont le type se répète avec une singulière persistance dans toute l'Afrique Australe. Un désert, mais un désert d'une nature spéciale, dont le sol est naturellement fertile et ne refuse de produire que parce qu'il n'est point fécondé par les eaux : au lieu de stériles sables mouvants, c'est une riche couche d'argile reposant sur un grès contenant des matières salines qui donnent un goût saumâtre aux eaux des sources et des rivières. En été, quand viennent les pluies, le sol jaune se couvre d'une herbe luxuriante qui disparaît aux premiers froids. Mais nous sommes

____

(1) Orthographe anglaise : *Karroo*.

en hiver, et le Karou est nu, pelé, transi par les
gelées des nuits. Un désert sans un arbrisseau,
sans une feuille, sans un pouce de verdure. La
seule végétation qui résiste au froid et à la sécheresse est le *karroo-bush*, bruyère de quelques pouces de hauteur. Est-ce influence du milieu ? Si bizarre que soit l'assimilation, on ne
peut mieux comparer cette végétation qu'aux
touffes laineuses, éparses, d'une tête de Hottentot. A perte de vue, l'œil n'aperçoit que cette
bruyère rachitique, dont les feuilles maigres,
petites, roides et crispées, ont la teinte terne
du vert olive. Il y a bien encore, dans les ravins
qui longent la voie ferrée, des cactus, des ci-
trouilles armées de piquants, mais cette végétation grotesque n'ajoute guère aux séductions de
ce pays maudit.

Où donc ai-je vu une terre sans arbres, une terre
jonchée de pierres, comme celle-ci ? En Islande.
Le Karou, comme les déserts de la Terre de Glace,
est une contrée inoubliable. Mais le Karou m'a
paru plus désolé encore, et je me sentais heureux
de pouvoir traverser à la vapeur ces immenses
espaces d'une écrasante tristesse, d'une souveraine monotonie.

Et cependant, des voyageurs ont célébré la
beauté du Karou. Il se peut qu'à la longue on
se laisse pénétrer par le charme d'un ciel clair,
d'un air sec et léger, d'une lumineuse atmosphère
qui exerce sur les sens une action particulière.

Il y a aussi l'attrait des belles nuits étoilées, de la solitude, des étendues illimitées. Mais c'est une éducation à faire : le désert contraste trop avec le monde habité pour qu'on puisse s'y adapter sans transition.

Au cap de Bonne-Espérance j'avais été frappé de la transparence de l'air. Mais que dire du haut plateau ! Un air vif et pur, subtil et léger, riche en ozone, qu'on absorbe à longs traits, éprouvant une sorte d'ivresse et de volupté à en saturer les poumons. Dans cette claire atmosphère, on perd la notion de l'éloignement : des montagnes situées à plusieurs lieues de distance se profilent aussi nettement que si elles étaient toutes proches. Et sous cette double influence d'un air vivifiant et d'une lumière intense, on perd même la notion de la pesanteur : on se sent si léger, si détaché de la terre, qu'il semble que d'un coup d'aile on s'élévera jusqu'à ces cimes bleuâtres qu'on croirait pouvoir toucher du doigt.

Il a gelé cette nuit. L'air du matin est froid, piquant, mais si émoustillant, si capiteux, si élastique, qu'on ouvre sans crainte la fenêtre du wagon pour en recevoir les vivifiantes effluves. Et je comprends que le Karou fasse des cures merveilleuses qui lui ont valu sa haute réputation de sanatorium. La porosité et l'extrême sécheresse du sol, la grande altitude du plateau hissé comme une île aérienne sur un immense piédestal, la pureté de l'air, la sérénité du ciel, la rareté de la population, ne sont-ce pas là les éléments d'une station climatérique idéale ? Bien des Européens, condamnés par leurs médecins, en tête desquels il faut citer Cecil Rhodes, ont retrouvé dans ce milieu la vie qui leur échappait. L'absence complète d'affections pulmonaires parmi les colons qui ont vu le jour dans le pays atteste assez les heureuses propriétés du climat.

De tous les voyageurs qui ont chanté les charmes du Karou, il n'en est pas de plus enthousiaste que Livingstone. Il y a passé les meilleures années de sa vie, et il en a étudié la structure. C'est lui qui le premier exprima l'opinion, confirmée depuis par les géologues, que les plateaux qu'on désigne sous le nom de Karou sont les lits desséchés d'immenses lacs, dont on voit encore un vestige dans le désert de Kalahari, le lac Ngami, qui diminue d'année en année et semble devoir disparaître à son tour. Les restes fossiles qu'on trouve sur ces plateaux attestent que les eaux y ont dû séjourner à une époque où ils n'occupaient pas encore leur niveau actuel. Même de nos jours, dans le temps des grandes pluies, il se forme encore, çà et là, de petits lacs éphémères. Quand les plateaux furent soulevés à leur niveau actuel, les eaux durent s'échapper de ces immenses mers intérieures à travers les fissures provoquées par le déchirement des pentes voisines. C'est ainsi que les eaux du bassin du Zambèse trouvèrent une issue à travers la grande fissure des chutes Victoria découvertes par Livingstone. La fissure par laquelle s'échappe la rivière Orange, aux chutes d'Aughrabies, fut probablement le déversoir des eaux qui recouvraient le désert de Kalahari et les plateaux du Bushmanland. La vallée de la rivière Hex, que l'on remonte en chemin de fer pour atteindre le Karou, est une fissure qui a dû livrer passage aux eaux du haut plateau.

Dès que viennent les pluies, le Karou se couvre d'une admirable verdure qui atteste la richesse de la terre. Le Karou n'est donc un désert que parce qu'il manque d'eau, et il ne manque d'eau que parce qu'il est inhabité. Une population qui s'adonnerait à une irrigation systématique pourrait rendre à la culture un territoire qui occupe les deux tiers de la colonie du Cap. Il suffirait de retenir les eaux dans les ravins des montagnes voisines, non pas au moyen de simples digues improvisées, mais au moyen de réservoirs analogues aux grandes citernes d'Aden, dont les murs seraient capables de résister à la pression des immenses masses d'eau qui se précipitent sur les pentes lors des orages.

Si maigre que paraisse la végétation du Karou, elle offre un excellent fourrage pour le bétail. A la vérité, l'herbe ne couvre la plaine que pendant la saison des pluies, mais la bruyère y croît en toute saison, elle résiste aux gelées d'hiver, et même, dans la saison sèche, quand elle semble morte, desséchée et sans sève, le bétail y trouve encore un aliment suffisant. Aussi les pâturages du Karou nourrissent des millions de moutons et des milliers de chevaux, de chèvres et de bêtes à cornes. Et pourtant, c'est à peine si ces immenses troupeaux sont visibles, dispersés, perdus qu'ils sont dans ces plaines sans limites, à l'aspect desquelles l'imagination conçoit l'immense étendue du continent africain. Le bétail ne se trouve d'ailleurs que dans le voisinage des réservoirs artificiels, *dams* dans la langues des Boers, où il peut trouver de l'eau pour sa subsistance.

J'ai aperçu par endroits la vieille route pierreuse, à peine tracée, que suivent les chars à bœufs. Ces grands chars d'aspect archaïque, très longs, très massifs, très solides, sont tous construits sur le même modèle et peints de trois couleurs qui sont toujours les mêmes : rouge, vert et jaune. Pas un clou n'entre dans leur construction : ils sont faits du bois le plus résistant du pays, le *stinkwood* (*laurus bullata*). La lourde machine est mise en mouvement par un véritable troupeau de bœufs attelés par paire, au nombre de quatorze au moins, de dix-huit ou vingt souvent. Ces bœufs, au large front armé de cornes démesurément longues, s'en vont de leur pas lent et majestueux à travers le désert, sous la conduite du Boer, qui marche à côté des bœufs muni d'un fouet de vingt pieds de long, tandis que sa famille s'abrite sous la tente en demi-cercle qui recouvre l'arrière du char : véritable habitation ambulante, dont le type n'a point varié depuis deux siècles que les Hollandais l'importèrent dans le pays. Dans les premiers temps je m'étonnais de voir d'aussi longues files de bœufs attelés à un char, mais l'explication se présenta d'elle-même lorsque j'observai que, non loin du char, tantôt devant, tantôt derrière, il y a toujours un troupeau de bœufs en marche ou au pâturage. Les bœufs trouvent leur subsistance dans le *karroo-bush*, et voilà pourquoi le fermier qui émigre ne vend point son bétail : il l'amène avec sa maison roulante, et il y prend ses bêtes de trait. A quoi bon, pour lui, le chemin de fer ! Il ne voyage point pour arriver à bref délai, il *trekt*, allant au jour le jour, à la façon de ses ancêtres, à la recherche de nouveaux pâturages pour nourrir son bétail, de nouveaux champs pour semer son blé. Le temps lui importe peu, il n'a besoin que d'espace. Il n'a cure de se hâter, car il ne court pas faire fortune aux champs de diamants ou aux mines d'or; il ne compte pour sa subsistance que sur le sol et les saisons, il arrivera toujours à temps. Étrange contraste entre ce Boer, cheminant à côté de son traditionnel char à bœufs, et le colon anglais, qui franchit le Karou en chemin de fer. *Trekken!* *Go ahead !* Les deux mots correspondent aux mœurs si différentes des deux races si opposées qui se disputent là possession de l'Afrique Australe : d'une part les mœurs pastorales et les traditions du passé, d'autre part le travail à outrance et le progrès moderne.

Bonsoir, brave Boer ! Quand tu feras ton pot au feu à la belle étoile, quand tu te disposeras à passer la nuit sous la toile blanche de ta rustique maison à roues, à quelques lieues de l'endroit où tu campas hier, j'aurai franchi en un jour des espaces que tu mettras des semaines à franchir. Et après tout, ton bonheur est peut-être plus complet que le mien, car tu connais la vie simple, tu te contentes de la nature, tu sais te passer de notre civilisation factice, si compliquée, si exigeante, si despotique !

Pendant que le char à bœufs poursuit sa marche patiente à travers le *veldt*, nous filons, nous, à la vitesse moyenne de vingt milles à l'heure, ce qui est assurément beaucoup eu égard aux pentes et aux courbes. La voie a été construite dans les meilleures conditions d'économie. On a évité autant que possible les travaux de terrassement, les tranchées, les remblais, les tunnels. Les rails suivent tous les mouvements du terrain, et au bout d'une montée péniblement gravie, la machine s'élance sur la pente descendante avec une vitesse vertigineuse. Il n'y a, bien entendu, qu'une seule voie. Tous les cinq milles on rencontre un petit chalet servant d'habitation aux employés du chemin de fer, et comme ces chalets sont numérotés, il suffit de multiplier le chiffre par cinq pour calculer la distance parcourue depuis Cape-Town.

Beaufort, où nous arrivons vers quatre heures du soir, est la seule station où le train fasse un arrêt prolongé : une ville surgissant au milieu d'une oasis dans le désert, et dont le nom rappelle le souvenir de ces Huguenots de France, dont les descendants s'établirent ici au commencement du siècle, peu après l'occupation anglaise. Cette ville, une des plus anciennes de la colonie, est la capitale du Karou, et comme elle est la seule qu'on rencontre entre Cape-Town et Kimberley, c'est là que tous les fermiers du pays apportent leurs produits pour les expédier par le chemin de fer.

Quand le train reprend la route du désert, le soleil rase l'horizon et rougit les bords des nuages, un rouge d'une surprenante intensité. Rouges aussi sont les montagnes tabulaires, qui profilent sur le ciel, avec une netteté incroyable, des lignes si régulières qu'il semble qu'on y ait appliqué l'équerre. La plaine est devenue un brasier à rougeâtres flamboiements. Nulle part je n'ai vu d'aussi prodigieux effets de lumière. Mais dans ces régions australes la nuit succède très rapidement au jour, et les ténèbres sont déjà tombées que j'ai encore sur la rétine la splendide vision des dernières lueurs d'incendie dont le soleil couchant éclaire chaque soir la majestueuse tristesse de ces plaines sans limites.

A la tombée du jour, des centaines de faucons prennent leurs quartiers de nuit sur le faîte des poteaux télégraphiques. Un des plus curieux oiseaux qui peuplent ce désert est le Secrétaire. Moitié cigogne, moitié buse, cet oiseau fait une guerre acharnée aux serpents qui infestent le pays. Il n'est point d'être rampant, de quelque taille qu'il soit, qui résiste à ses attaques. Sa tactique est d'irriter le serpent avec son long bec, jusqu'à ce que l'ennemi se dresse : à ce moment, l'oiseau lui bat la tête avec de vigoureux coups d'aile, jusqu'à ce qu'il l'ait étourdi ; puis il l'enlève au plus haut des airs, le précipite sur le sol et s'en repaît. Le Karou est infesté des plus venimeux serpents que porte la terre d'Afrique, en dépit de la guerre acharnée que leur fait l'oiseau que la Providence a chargé de leur destruction.

Voici ma deuxième nuit de voyage. Elles sont si belles, ces nuits du Karou, qu'en dépit du froid je reste longtemps sur la plate-forme extérieure du wagon, les yeux fascinés par les étoiles qui brillent d'un éclat presque surnaturel dans la transparente atmosphère des hauts plateaux : des lampes d'or accrochées à la voûte du ciel, entre lesquelles la voie lactée forme comme un pont de lumière d'une pure blancheur. Il n'est pas jusqu'aux pierres du désert qui ne reflètent l'éclat de ce lumineux ciel austral, où il semble que le grand nom de Dieu se lise en lettres plus transparentes encore que dans notre hémisphère.

Il est près de minuit quand j'arrive transi, gelé, à *De Aar Junction*, où je suis très heureux de trouver un bon feu dans la salle d'attente. Comme le nom l'indique, cette station se trouve à la jonction des lignes qui partent des deux principaux ports de la colonie, Cape-Town et Port-Élisabeth. Le train venu de Cape-Town se rend à Pretoria, et il faut attendre l'arrivée du train de Port-Élisabeth, qui ne viendra que vers trois heures du matin. Le directeur du trafic, se conformant aux instructions du gouverneur, m'installe dans un wagon-lit qui sera attelé au train, et où je passe la nuit roulé dans mes couvertures aussi hermétiquement que possible, car il fait un froid sibérien. Ah! décidément, les nuits sont glaciales sur le plateau!

A mon réveil, le pays a changé d'aspect. Nous avons franchi la rivière Orange, nous sommes sur le territoire du Griqualand Ouest, qui faisait partie autrefois de l'État libre d'Orange, et que les Anglais ont trouvé bon à prendre à l'époque où on y découvrit des mines de diamants. Aujourd'hui, ce district forme une partie intégrante du territoire de la colonie du Cap. C'est toujours le Karou, mais les montagnes y sont plus clairsemées et plus éloignées, et la plaine jaunie étend à perte de vue son immensité nue. L'air âpre et vif rappelle les matinées des steppes de la Russie.

Des villages cafres, des « *kraals* », réunion de tentes bizarres dont la forme me rappelle celle des kibitkas que j'ai vues chez les Turcomans, m'annoncent l'approche d'une ville. A dix heures du matin, deux heures plus tard que les trente-six heures réglementaires, nous sommes en gare de Kimberley, à 1.040 kilomètres de Cape-Town, à 1.222 mètres au-dessus du niveau de la mer.

IX

LA GOLCONDE AFRICAINE

Je suis arrivé à Kimberley par une pluie glaciale. Cela ne s'est pas produit depuis six mois,
et les gens du pays n'ont pas souvenance d'avoir
vu pleuvoir à cette époque de l'année, qui est
la saison sèche. Au lieu des tourbillons de poussière qui sont le fléau de Kimberley en hiver,
je trouve une boue affreuse. Sur la ville plane
un brouillard si épais que je me croirais à Londres si je n'apercevais, çà et là, des eucalyptus, des aloës, des cactus et autres plantes semi-
tropicales qui, toutes transies qu'elles sont, me
disent que je suis en Afrique.

C'est donc par des rues boueuses qu'un Cafre
me mène dans son *hansome cab* à l'hôtel Central situé, comme son nom l'indique, au centre
de la ville, près de la place du marché. L'hôtel, dont on m'avait dit merveille, n'est ni
moins primitif ni moins sale que les posadas du
Mexique. Il n'y a pas d'étage, et ma chambre,
où j'ai à peine assez d'espace pour disposer
mon petit bagage, entre le lit de fer et la chaise

unique qui en constitue tout le mobilier, s'ouvre sur une basse-cour où se vautrent les poules et les cochons.

Mon premier soin est de m'enquérir de M. Gardiner Williams, directeur général de la De Beers Diamond Mining Company, auquel je suis recommandé par le gouverneur général. Je le trouve aux bureaux de la compagnie. Un pur Yankee, originaire du Michigan, dont je gagne immédiatement les sympathies quand je lui apprends que j'ai visité deux fois Chicago. Affligé d'ophthalmie, affection très commune ici à cause de la poussière que le vent du nord apporte du désert de Kalahari ; ne parlant que l'anglais, comme tout bon Yankee, avec cet accent nasal — le *sing-song* — auquel on reconnaît l'Américain du Nord ; avec cela, plus prodigue d'actes que de paroles, comme la plupart de ses compatriotes : et il me le prouve en se mettant tout de suite à ma disposition et en faisant atteler sa voiture pour me faire voir les merveilles de la Golconde africaine.

Pour une Golconde, Kimberley est assurément une ville bien originale, la plus drôle peut-être qui soit dans les deux hémisphères. J'ai vu des villes en pierres, des villes en briques, des villes en bois ; en Asie Centrale j'ai même vu des villes en terre ; mais voici une ville en fer-blanc, et j'ai peine à en croire mes yeux. En fer-blanc les maisons, en fer-blanc les magasins, en fer-blanc les églises et les édifices publics : murs, toitures, portes, tout en fer-blanc. A voir la rigidité métallique des agaves et du feuillage des eucalyptus, qui croissent dans les jardins, je me suis surpris à me demander si la végétation ne venait pas, comme le reste, de l'atelier du ferblantier. Cette débauche de tôle donne à Kimberley l'aspect d'une ville portative, toujours prête à être démontée en un clin d'œil pour être transportée ailleurs. Et en effet, cette ville à population flottante n'est qu'une sorte de campement provisoire, où l'on vient dans le but de faire rapidement fortune, et qu'on s'empresse de quitter dès qu'on n'y a plus rien à faire. Pour moi, qui n'aime pas le fer-blanc, j'ai horreur de cette ville, et dans mes heures d'ennui j'aurai, pour le reste de ma vie, la consolation de penser que je pourrais être à Kimberley.

Dans cette ville peu pittoresque, il n'y a de pittoresque que la grande place par un jour de marché : elle se couvre alors de chars à bœufs, et comme chaque char est attelé de sept à dix paires de bœufs, on peut juger du coup d'œil étrange qu'offre cette houle de milliers de cornes en mouvement. C'est sur cette place que se tiennent en plein air les ventes à l'encan qui jouent un rôle spécial dans l'existence des colons : partout des crieurs publics, arborant chacun leur drapeau. Ils vendent les articles les plus disparales, aussi bien un poële ou une paire de bottes qu'un cheval ou une voiture.

Kimberley est très fier de son club. Cet édifice, pour n'être pas en fer-blanc, n'en est pas moins en fer. Le club est une véritable institution dans la vie anglaise, et cette institution fleurit dans toute la colonie sud-africaine, où il n'est si petite ville qui n'ait son club. Mais la palme revient sans contredit au « Kimberley-Club », le plus beau, le plus riche de toute la colonie. Introduit comme membre honoraire, j'y prends mes repas, qui valent mieux que ceux de l'hôtel, et j'y passe mes soirées dans la salle de lecture, où je trouve, outre un bon feu, une excellente bibliothèque et une foule de publications locales. Ce club somptueux date des grands jours de Kimberley, où l'on amassait des millions en quelques mois. L'argent avait alors si peu de valeur que les choses de première nécessité coûtaient dix à quinze fois leur prix. En ce temps-là, l'eau même était rare : pour un simple lavage, le mineur se servait d'une bouteille de soda qui coûtait cinq francs.

Si ces beaux jours sont passés, le prix des choses n'en a guère diminué, à part l'eau qui, amenée de la rivière Vaal, est aujourd'hui distribuée gratuitement. Tandis que dans certains pays la monnaie d'or et d'argent est rare, ici c'est la monnaie de cuivre qu'on ne voit point. La plus petite monnaie en usage est la pièce de six pence. Une pinte de bière coûte un shilling, une bouteille de champagne une livre sterling. Et qu'on ne pense pas que le diamant soit à bas prix dans ce pays des diamants : on m'a dissuadé d'en acheter, car on le paye aussi cher sur place qu'en Europe.

Parlons donc des diamants qui ont fait surgir du désert la Golconde en fer-blanc, qui ont fait la fortune d'une colonie, qui ont révolutionné les destinées de l'Afrique Australe. Quelle est cette puissante fascination qu'exerce sur nous un simple morceau de carbone passé de l'état gazeux à l'état solide? D'où vient chez nos femmes le désir de se parer de ce petit spécimen minéralogique? Si ce n'était que coquetterie, les splendeurs du monde végétal leur suffiraient ; mais le diamant est la plus rare des substances connues, et parce qu'elle est rare, elle a une très grande valeur; et le diamant fascine moins par son éclat et sa beauté que par sa rareté et son prix: c'est une fascination quelque peu factice, qui trouve son origine dans la pauvre vanité humaine. Les indigènes connaissaient depuis longtemps le diamant avant que les blancs l'eussent découvert: ils n'en faisaient aucun cas, parce qu'ils en ignoraient le prix.

Quand O'Reilly découvrit un diamant dans le Griqualand, il se doutait peu que c'était là l'événement le plus important qui fût survenu en Afrique Australe depuis que les Portugais dou-

blèrent, il y a quatre siècles, le cap de Bonne-
Espérance. Cette découverte ouvrit une ère de
prospérité à une colonie qui était la plus dédaignée de toutes les possessions britanniques; elle
eut pour résultat la création d'un vaste réseau
de voies ferrées ; elle amena le peuplement de
territoires nouveaux; elle provoqua la conquête
des immenses régions qui s'étendent jusqu'aux
rives du Zambèse. Et voilà pourquoi le nom
d'O'Reilly est béni des populations de l'Afrique
du Sud. Ce Nemrod revenait d'une expédition de
chasse, et, s'étant arrêté un jour dans une ferme
située entre le Vaal et la rivière Orange, il remar-
qua un enfant qui jouait avec des pierres dont
l'une le frappa par son éclat cristallin. Les parents
de l'enfant la vendirent pour une bagatelle, et lui
dirent qu'il y avait une foule de pierres semblables
le long de la rivière. La pierre fut montrée à des
Juifs, qui n'y virent qu'une topaze de peu de
valeur ; mais un géologue y reconnut un véritable diamant d'une valeur de douze mille francs.
Dès que la nouvelle se répandit, le pays d'où
revenait O'Reilly attira une foule d'aventuriers,
mais ils s'en retournèrent désappointés, et l'existence de gisements de diamants fut longtemps
encore révoquée en doute, jusqu'au jour où un
Hollandais trouva entre les mains d'un Hottentot
une grosse pierre qu'il lui paya dix mille francs,
qu'il revendit pour deux cent cinquante mille
francs, et qui fut estimée plus tard au prix fan-

tastique de treize cent et soixante-quinze mille francs. Cette pierre, connue sous le nom de « l'Étoile de l'Afrique Australe », et dont le poids est de quarante-six carats et demi, figure aujourd'hui parmi les joyaux de la comtesse de Dudley.

La précieuse trouvaille provoqua aussitôt un de ces phénomènes que les Anglais désignent sous le nom de « *rush* », un élan de chercheurs, de fouilleurs, de piocheurs, excités par la fièvre diamantaire. En 1870, on vit se ruer vers les rives du Vaal des milliers de « *diggers* », qui se mirent à laver les sables de la rivière. Toutes les nations du globe étaient représentées dans ce vaste campement, où il y avait une forte proportion de Yankees et d'Australiens qui apportèrent à cette industrie nouvelle l'expérience qu'ils avaient acquise dans les placers de la Californie et du Queensland. Plus de dix mille chercheurs étaient campés au bord du Vaal, quand eut lieu la découverte, à quelques lieues plus au sud, du district diamantifère connu sous le nom de « *Dry Diggings* ». Et aussitôt les chercheurs d'abandonner les sables d'alluvion pour aller aux fouilles sèches.

Sur l'emplacement actuel de Kimberley, il y avait alors trois fermes désignées par les noms de leurs propriétaires, Du Toit, Bultfontein et De Beers. Ces noms, immortalisés aujourd'hui dans toute l'Afrique Australe, furent appliqués aux Diggings, qui furent érigés en mines en

1874 par une proclamation du gouvernement. Il y eut la mine Du Toitspan et la mine Bultfontein; et comme on trouva deux mines sur les terres de De Beers, l'une s'appela la mine De Beers, l'autre la mine de Kimberley.

Les trois fermes ne tardèrent pas à changer de mains. Les fermiers hollandais qui en étaient propriétaires avaient d'abord loué leurs terres aux mineurs; mais les mineurs affluèrent bientôt en si grand nombre que les fermiers vendirent leurs propriétés à un prix dérisoire : c'est ainsi qu'un particulier acheta à De Beers, pour cent et cinquante mille francs, un domaine qu'il revendit au gouvernement de la colonie au prix de deux millions et demi. Et en réalité le gouvernement fit une affaire superbe, puisqu'on a calculé que, depuis le premier coup de pioche, la seule mine de Kimberley a donné plus de huit cents millions.

C'est par milliards que se chiffre le rendement de toutes les mines réunies. Et ce qui fait rêver, c'est qu'il n'y a aucune raison de croire que le terrain diamantifère s'arrête à moins de trois mille mètres de la surface du sol. Il y a là des trésors inépuisables pour les générations futures. Et si jamais l'humanité vient à manquer de subsistances, elle ne manquera point de diamants. A ceux qui demanderont du pain, on donnera alors des pierres, et l'indigène de la Nouvelle-Zélande qui errera sur les ruines de nos Babylones modernes, trouvera plus facile de couvrir sa squaw de brillants que de donner à manger à ses enfants.

M. Gardiner Williams m'a mené à la mine de Kimberley, qui se trouve, pour ainsi dire, dans la ville même, car c'est autour d'elle que la ville s'est développée. Elle s'ouvre à l'endroit où surgissait, il y a une vingtaine d'années, une colline, ou « kopje ». Sous la patiente pioche des mineurs, la colline a fait place au gouffre le plus effroyable que la main des hommes ait creusé dans les entrailles de la terre. Un gouffre aux parois verticales, où l'on enfouirait aisément les pyramides d'Égypte, et où l'on pourrait plonger les plus hautes tours de nos cathédrales sans qu'elles émergeassent du sein de l'abîme! Toute une ville tiendrait à l'aise dans la périphérie de l'entonnoir.

Où donc ai-je vu un spectacle comparable? Au Mexique, au sommet du volcan du Popoca·tepetl, à plus de cinq mille mètres au-dessus du niveau de la mer. Là, ce sont les forces naturelles des feux souterrains qui ont ouvert le cratère, en quelques heures, en quelques minutes peut-être ; ici, il a fallu des années et des millions de coups de pioche, et chaque tonne de terre a dû être montée dans des baquets accrochés à des fils de fer. Mais, si différent que soit le procédé, le résultat diffère peu, car on ne peut mieux comparer cette mine à ciel ouvert qu'à un vaste cratère volcanique d'une forme elliptique irrégulière. La ressemblance est même si frappante qu'on se demande si cet entonnoir, d'une profondeur inconnue et encore à peine mis à jour, n'est pas un véritable cratère éteint que les boues volcaniques auraient comblé à l'époque où les eaux recouvraient le plateau du Karou.

L'hypothèse est hardie peut-être, mais la géologie la confirme. La gangue diamantifère, que les mineurs connaissent sous le nom de *bleu*, à cause de sa teinte bleuâtre, contient des fragments des roches qui l'enveloppent, et aussi des débris des roches primitives, telles que le granit ou le gneiss, auxquelles les fouilles n'ont pu encore atteindre. Les bords de la roche tendre qui entoure l'entonnoir sont relevés, comme s'ils avaient subi une pression de bas en haut, et l'entonnoir lui-même est beaucoup plus conique à la surface qu'à une certaine profondeur, où le roc est plus dur. Bien que les mines soient groupées sur une étendue de quelques kilomètres carrés, elles diffèrent l'une de l'autre par l'aspect, la composition, la nature de la roche diamantifère, et aussi par la qualité des diamants : et comme ces différences marquées existent même dans les diverses parties d'une mine, on en doit conclure que les dépôts diamantifères se sont faits par une succession de soulèvements. Lors des premières découvertes, on trouva des diamants à la surface du sable rouge, et les re-

cherches ultérieures en décelèrent beaucoup
d'autres dans des conditions identiques ; mais on
n'en trouve aucun en dehors des limites des différentes mines. On peut donc, avec des géologues aussi éminents que M. Reunert, regarder
comme certaine l'origine volcanique des mines
de diamants de l'Afrique Australe.

La science a de ces révélations inattendues.
Quand des milliers d'aventuriers accoururent ici
le pic à la main, ils ne se doutaient guère qu'ils
venaient rouvrir d'anciens cratères fermés depuis les temps géologiques, et, sans le savoir,
ils restituaient leur aspect primitif à ces bouches
monstrueuses qui vomissaient la flamme avant
que l'homme ne peuplât ces déserts. Ces mines
merveilleuses sont tout simplement des cheminées percées par les forces souterraines à travers
les basaltes et les schistes, et contenant un gâteau bleuâtre dont les raisins sont des diamants.
Et ces diamants, que sont-ils ? De purs carbones
cristallisés par l'action chimique de la vapeur
engendrée dans la roche volcanique.

Mais pourquoi cet ancien foyer d'activité volcanique s'ouvrant au milieu d'une ville a-t-il cessé
d'être le foyer d'activité humaine qu'il était autrefois, lorsque son cratère était animé comme
une ruche par des centaines de travailleurs ?
Pourquoi les échos de cet abîme vide et désert
ne répercutent-ils plus les coups de pioche? C'est
que les mines de diamants ont leurs vicissitudes

tout comme les autres mines. La vue de ce prodigieux entonnoir est grandiose, mais au prix de quelles infortunes innombrables n'a-t-il pas été creusé ? Ce gouffre de sinistre aspect garde le secret des sueurs, des ruines, des vies humaines qu'il a prélevées sur les bénéfices de la spéculation.

Au début, l'exploitation à ciel ouvert était facile et peu frayeuse ; le creusement se faisait suivant une méthode régulière : la mine était divisée en *claims* ou propriétés individuelles, tracées à l'aide du cordeau et de l'équerre : c'était comme un vaste échiquier, dont les casiers communiquaient au moyen d'un réseau de petites chaussées qui facilitaient le transport des terres et du matériel. Mais lorsque la mine eut atteint une certaine profondeur, on s'aperçut qu'il fallait renoncer à ce mode d'exploitation, qui transformait la mine en tombeau. Les bords du gouffre se mirent à vaciller, d'énormes éboulements ensevelirent vivants les mineurs. Et la ruche fut abandonnée.

J'ai vu des photographies représentant les mines de Kimberley à l'époque où les mineurs exploitaient chacun leur parcelle, leur *claim* : chaque parcelle mesurait environ dix mètres carrés ; parallèlement aux parcelles étaient ménagées les petites chaussées. Les demandes affluaient en si grand nombre que les parcelles durent êtres subdivisées par moitié, par quart,

KIMBERLEY

UNE MINE DE DIAMANTS A CIEL OUVERT

par huitième, et même par seizième. La mine offrait alors l'aspect d'un gigantesque rayon de miel au-dessus duquel était tendue une immense toile d'araignée formée par l'inextricable réseau de fils de fer qui servaient à hisser les baquets chargés de terre diamantifère.

Autour de Kimberley s'ouvrent d'autres mines à ciel ouvert, où l'on peut se représenter ce qu'était jadis la mine de Kimberley. A trois kilomètres de la ville, dans un faubourg qui a changé son ancien nom de Du Toitspan pour celui de Salisbury, j'ai pu voir fonctionner, dans la mine de Bultfontein, l'ancien système d'exploitation : cette mine offre le même aspect cratériforme que celle de Kimberley, et son cratère est une fourmilière en pleine activité, car on n'y a pas encore atteint les profondeurs où se produisent les éboulements. Vers les bords, les pentes de l'abîme offrent une inclinaison assez douce ; plus bas, les parois, taillées dans une roche plus dure, sont presque à pic ; plus bas encore, l'entonnoir s'arrondit en forme de coupe. Tout au fond de ce gouffre béant, à cent mètres de profondeur, les Cafres grouillent comme un essaim de noires fourmis. Il faut les voir faire sauter le « bleu » à la dynamite. Au coup de cloche, toute la fourmilière se sauve. Puis, une assourdissante canonnade ébranle tous les échos de l'abîme. Pendant plusieurs minutes, c'est une explosion de fumée, une pluie de pierres, de masses de terre vomies du sein du cratère, et il ne faut pas faire grand effort d'imagination pourse représenter le réveil du volcan. Bientôt la fumée se dissipe, un second coup de cloche retentit, et tout rentre dans le calme. Les Cafres retournent au travail, et du matin au soir les baquets chargés du précieux « *bleu* » montent et grincent sur le réseau de fils de fer.

Après avoir vu le travail à ciel ouvert, il faut voir le système d'extraction par galeries. Nous voici dans la cage de l'ascenseur de la mine De Beers, et à un signal donné nous plongeons dans le sombre séjour souterrain. Au bout de quelques minutes la machine s'arrête, nous sommes à trois cents mètres de profondeur, au point où convergent toutes les galeries du labyrinthe que peuplent des milliers de Cafres occupés nuit et jour à extraire le « *bleu* » et à charger les wagonnets qui circulent sur de petites voies ferrées. La sueur perle sur leurs corps nus, d'une superbe musculature : de noirs démons, dignes de figurer dans les cercles infernaux du Dante. Ils ne se mettent pas en peine de rechercher les veines, puisqu'il n'y en a point : ils travaillent dans un massif dont toutes les parties sont diamantifères et qui n'a apparemment pas de limites dans le sens vertical de la cheminée volcanique ; pourvu qu'ils observent les lois de la stabilité dans la structure des galeries superposées, ils peuvent creuser utilement dans toutes les directions.

A voir ces Cafres robustes et la facilité avec laquelle ils accomplissent leur tâche, on acquiert la conviction que le nègre est parfaitement apte aux travaux les plus pénibles. Ce sont d'excellents mineurs, très résistants, très maniables, et très dociles. Ils se recrutent parmi toutes les peuplades de l'Afrique Australe, quelles que soient leur couleur ou leur langue : le Cafre, le Zoulou, le Betchouane, le Griqua, le Matabélé, et même l'habitant des bords du Zambèse. Parmi eux se trouvent un grand nombre de convicts que le gouvernement loue à la compagnie : très habile mesure qui dispense la colonie de l'entretien des criminels et les oblige à gagner leur vie.

Après cette excursion souterraine, M. Williams m'a promené pendant plusieurs heures en voiture à travers les immenses domaines de la compagnie De Beers, me montrant toutes les manipulations que subit le diamant depuis l'extraction jusqu'au triage. Au sortir de la mine, la terre bleue est transportée sur des wagonnets jusqu'aux champs de pulvérisation, vastes terrains situés à quelques kilomètres de distance et défendus par de hautes clôtures en fils de fer. Étendue par couches, la terre se pulvérise sous l'action de l'air et du soleil, combinée avec de fréquents arrosages. La charge d'un wagonnet est d'environ une tonne. Chaque tonne de bleu renferme, en moyenne, un peu plus d'un carat de diamant, dont la valeur, qui varie de cinq à cinq cents francs le carat, peut être ramenée à une moyenne d'environ quarante francs.« Vous voyez là, sur ces champs de pulvérisation, me dit M. Williams, seize cent mille charges, représentant une valeur de deux millions et demi de livres sterling, ou soixante-deux millions et demi de francs. » Ces chiffres fabuleux font rêver.

Après une exposition de plusieurs mois, la terre pulvérisée est transportée à l'usine à vapeur, où d'ingénieux procédés de réduction la transforment en petits brillants qui iront peut-être étinceler un jour sur le front d'une impératrice.

Il y a d'abord le lavage, dont le procédé est fondé sur le principe du poids spécifique du diamant, qui se sépare des substances plus légères sous l'action combinée de la force centrifuge et de la gravitation. Au moyen d'un système de cylindres perforés soumis à un courant d'eau, la sélection se fait entre les substances mélangées, de telle façon que la matière boueuse est expulsée, et qu'il ne reste au fond des baquets qu'un résidu contenant les pierres précieuses : ce résidu n'est que la centième partie de la masse totale, dont 99 pour 100 s'en vont, sous forme de boue liquide, grossir journellement les ouvrages de terre qui s'accumulent autour des usines, collines artificielles rappelant les « Mound Buildings » de l'Amérique du Nord, dont la structure et la composition pourront fort embarrasser les savants des temps futurs: un jour peut-être ils discuteront gravement la question de savoir à quel peuple préhistorique il faudra attribuer ces mystérieux tumulus : en cherchant bien, toutefois, ils pourront encore y trouver des trésors, car le lavage n'est pas assez complet pour que le courant de boue liquide n'emporte une forte proportion de matières diamantifères : et qui sait ? les progrès de la science révéleront peut-être un jour le moyen de mettre en valeur ces vastes amoncellements de terre aujourd'hui improductifs.

Lorsque le lavage a réduit à une seule les cent tonnes de bleu, le résidu est soumis à une nouvelle réduction dans une ingénieuse machine connue sous le nom de « pulsateur », système assez compliqué de cribles gradués qui opèrent le triage mécanique des pierres selon leur grosseur. C'est le blutage des diamants, basé sur le même principe que le blutage de la farine tel que l'opèrent nos meuniers.

Au sortir des machines, le travail manuel achève ce que ne peuvent faire les procédés mécaniques. Sous l'œil de lynx d'un surveillant, les diamants sont triés sur différentes tables par les mains des noirs, munis d'une petite truelle plate qu'ils manœuvrent avec une surprenante rapidité : les grenats et autres pierres de peu de valeur que leur poids spécifique n'a pu faire expulser sont mis en petits tas ; les diamants se glissent par la petite ouverture ménagée dans une boîte cadenassée. Et cette manipulation, qui offre tant

de dangereuses tentations, est opérée par qui ?
par sept cents convicts, presque tous condamnés
pour vol !

Il semble que le triage des diamants doive
être la dernière besogne à confier à des voleurs.
Eh bien ! le convict offre plus de garanties que
le travailleur libre, parce qu'il peut être mieux
surveillé, et parce qu'il peut plus difficilement
trafiquer en prison de diamants volés. D'ailleurs,
il n'est jamais sûr que l'œil du cerbère vigilant
qui plane au-dessus de sa tête n'est pas braqué
sur lui au moment où il commettrait son larcin.
Et encore ce n'est qu'à des blancs d'une honnêteté éprouvée que l'on confie la manipulation de
la terre à gros grains, qui contient les grosses
pierres.

Chaque jour, les diamants sont envoyés sous
escorte armée au bureau de la compagnie, et
là, avant d'être livrés au commerce, ils sont triés
à nouveau et évalués par des experts. M. Williams m'a ouvert les coffres-forts contenant les
précieuses collections, et j'ai pu tâter des diamants dont plus d'un représente une grosse fortune. Il y a des spécimens de toutes les formes,
de toutes les eaux, de toutes les dimensions, les
uns bruts, les autres taillés, et c'est en les voyant
ici qu'on peut apprécier leur beauté comme
aussi leur immense variété. Les uns présentent
une cristallisation si régulière que la taille ne
leur enlèvera que quelques molécules ; d'autres

offrent une masse informe, et, à moins qu'ils ne
soient de la plus belle eau, leur sort est d'être
fendus et divisés en plusieurs morceaux. Il y en
a de petits comme une tête d'épingle, de gros
comme une noix. Et leurs teintes varient autant
que leurs formes et leurs dimensions, depuis le
blanc le plus limpide jusqu'au noir le plus opa-
que, en passant par toute la gamme des nuances
de l'arc-en-ciel : j'en ai vu de bleus, de verts, de
rouges, de pourpres ; j'en ai vu aussi de jaunes,
qui ressemblent à s'y méprendre à des morceaux
de gomme arabique ; les bruns et les jaunes sont
peu estimés ; bien plus rares sont ceux d'une
teinte orange. Les noirs sont appréciés sinon
pour leur beauté, du moins à cause de leur extrême dureté qui les fait préférer dans l'industrie
aux pierres de la plus belle eau. Chaque nuance
a sa clientèle spéciale dans les diverses parties
du monde : le diamant blanc est recherché par
les Américains, le jaune est préféré par les Asiatiques. L'homme qui me montre ces joyaux les
manie par poignées, avec l'indifférence d'un crou-
pier ratissant des monceaux d'or sur une table de
jeu. Et pourtant, Dieu sait ce qu'il y a là de richesses ! Il y en a dans le tas pour lesquels un Juif
donnerait un œil. Le diamant « De Beers », qui
figura à l'exposition de Paris, a les dimensions
d'un œuf : il pèse exactement 428 1/2 carats ; le
« Porter Rhodes », octaèdre d'une admirable
pureté, de 150 carats, est estimé un million et

demi. On a évalué à sept tonnes la somme totale des diamants extraits des mines de Kimberley. Un éléphant pourrait à peine porter une pareille charge !

X

UN SYSTÈME DE TRAVAIL MONACAL

Après avoir suivi les différentes phases par lesquelles passe le diamant, depuis l'extraction du sein de la terre jusqu'à la mise en coffre-fort, il reste à étudier le régime auquel sont soumis les huit mille travailleurs qui sont au service de la « De Beers Diamond Mining Company ». Parmi ces huit mille travailleurs, il n'y a pas moins de six mille indigènes ; les blancs sont au nombre de quatorze cents ; il y a enfin quelques centaines de convicts.

Chaque catégorie de travailleurs est soumise à un régime distinct : la prison pour les convicts, la vie libre pour les blancs, la vie du cloître pour les noirs. Le salaire diffère tout comme le régime : les noirs touchent un salaire minimum de vingt-cinq francs par semaine, tandis que pour les blancs le gain le plus bas est de quatre-vingt-dix francs par semaine, ce qui équivaut à peu près au traitement de nos juges de première instance.

La vie du cloître pour les noirs! J'étais assez intrigué au sujet de ce couvent de nègres. M. Williams a bien voulu m'y introduire par une faveur toute spéciale, car l'isolement est complet, et les ouvriers n'ont aucune communication avec le dehors.

Ce système de travail monacal porte le nom de « *compound* ». Le mot désigne un vaste espace carré, une cour à ciel ouvert, sur les quatre côtés de laquelle s'élèvent des constructions en fer dont l'aspect général tient à la fois de la caserne, de la prison et du couvent. Le compound communique avec la mine par une voie couverte. C'est là que vivent les travailleurs noirs, dans un isolement absolu, passant douze heures dans la mine et douze heures au compound, n'ayant aucun contact avec le monde extérieur. Pendant toute la durée de leur contrat d'engagement, qui est de trois mois, et qui peut être renouvelé à chaque échéance, ils aliènent leur liberté en faveur de la compagnie, qui se charge de leur nourriture et de leur entretien. Prisonniers, ils ne peuvent communiquer avec leurs femmes et leurs enfants qu'à travers une grille et en présence d'un surveillant.

Chaque mine a son compound, et tous sont établis sur le même plan. Celui de la mine De Beers, que j'ai visité, compte une population de deux mille noirs : une ville nègre dans la ville blanche. Il n'y a, dans l'enceinte, que la moitié

KIMBERLEY

LES CAFRES DANS LES COMPOUNDS

des travailleurs, l'autre moitié étant dans la mine.

C'est là qu'on peut étudier sur le vif les différentes races de l'Afrique Australe : un vivant musée d'ethnographie africaine, où sont représentées toutes les tribus des immenses territoires qui s'étendent du cap de Bonne-Espérance aux rives du Zambèse, avec leurs types respectifs et leurs nuances de peau. Quelle saisissante révélation du mystérieux continent noir que cette grande cour du compound à l'heure de la préparation du repas ! De tous côtés flambent des feux autour desquels les indigènes se rangent par tribus, les uns drapés dans des couvertures de laine, les autres presque complètement nus, formant des groupes étrangement pittoresques, dont la couleur locale est mise en relief par les vives lueurs de la flamme. Ici c'est un groupe de Zoulous, ailleurs un groupe de Basoutos, plus loin un groupe de Betchouanes ou de Matabélés. Et chaque groupe parle la langue de son pays et fait sa cuisine propre : car les goûts culinaires de ces indigènes varient tout comme la nuance de leur peau. Pendant que le chef de la tribu surveille le pot-au-feu qui cuit sur la braise, le reste du groupe cause, chante, fume, s'amuse dans l'attente du déjeuner.

En les observant de près, on découvre que, même lorsqu'ils imitent les blancs, ils le font à rebours : c'est ainsi que lorsqu'ils fument un cigare, — j'ai dû y regarder à deux fois pour m'en convaincre, — ils tiennent dans la bouche le bout qui brûle, tout comme si leur langue était incombustible. Comme tous les mineurs, ils ont la passion du jeu : ils jouent aux cartes, ils jouent aux échecs. L'échiquier est un dessin tracé sur la terre, les pions sont des cailloux. A considérer les enjeux, qui sont des pièces d'or, on voit que l'or est commun au pays des diamants. Ils ont aussi le goût de la musique, mais quelle drôle de musique ! Voici deux artistes dont l'un joue d'une guimbarde du Zambèse, tandis que l'autre exécute des exercices bizarres sur un violon monocorde en forme d'arc. Il y a parmi eux des lettrés : les uns tiennent des cahiers de comptabilité, où ils notent leur salaire et leurs dépenses, d'autres lisent la bible imprimée dans leur langue.

Tout autour du compound règnent les habitations des indigènes, dont les différentes tribus dorment séparément, de même qu'elles mangent séparément : car quoiqu'ils vivent en commun, ils ne se mélangent en aucune façon ; ils n'oublient point leurs rivalités nationales, et le compound est parfois le théâtre de rixes et de querelles de tribu à tribu ; chacune est gouvernée par un chef dont l'autorité est aussi incontestée dans les murs du compound que dans l'enceinte du village natal.

Un des côtés du carré est occupé par tout un

ensemble de constructions ayant chacune leur destination spéciale : boucherie, magasins à provisions, cantine, pharmacie, hôpital, salle de bains, en un mot, tous les aménagements d'un couvent bien organisé. Les indigènes peuvent se procurer à des prix peu élevés tout ce dont ils ont besoin, mais les boissons fortes sont bannies du compound : on ne leur permet que le lait, le thé, le café et les limonades. J'ai remarqué dans un coin des monceaux de bouteilles, mais c'était l'inoffensive *ginger beer*. L'eau leur est fournie à discrétion, ainsi que le bois de chauffage.

L'hôpital est particulièrement intéressant : il y a la salle des opérations, bien montée en appareils de chirurgie ; la salle des blessés, où gisent de pauvres diables dont les membres ont été broyés par les éboulements de la mine ; la salle des fiévreux, où languissent et gémissent des malheureux qui n'ont plus que les os et la peau. Les maladies les plus communes sont les fièvres et les affections cutanées. On m'a signalé un cas grave de pneumonie, et c'est un fait très extraordinaire sur le plateau, où la pneumonie est pour ainsi dire inconnue.

La maladie, l'ivrognerie et le vol, tels sont les mécomptes qui peuvent affecter les dividendes à distribuer aux actionnaires des mines de diamants. C'est pour lutter contre ces trois ennemis que les hommes pratiques placés à la tête de la compagnie ont inventé les compounds. Le système répond admirablement à son but, parce qu'il réalise le maximum de travail utile en réduisant à leur minimum les pertes causées par les trois ennemis qu'il combat. Il restreint les ravages de la maladie, il supprime complètement l'ivrognerie, et il supprime en partie les soustractions.

Ce système de claustration absolue et d'étroite surveillance a pour principal but d'attaquer dans ses derniers retranchements le mal qui sévissait autrefois sur une grande échelle, la contrebande des diamants. Il y a quelques années, le nombre des pierres volées s'élevait à une somme égale à celle des pierres honnêtement acquises : le vol et la contrebande étaient le fléau des compagnies et des actionnaires. Aujourd'hui, il y a encore des voleurs, mais leur métier est devenu difficile et dangereux. Et pourtant, on estime que le nombre de diamants soustraits chaque année s'élève encore à cinq millions de francs. A force de précautions, de lois et de pénalités, le préjudice est descendu de cinquante pour cent à cinq pour cent.

Il y a à Kimberley toute une classe de gens, se recrutant surtout chez les Juifs, qui ne vivent que du trafic clandestin des diamants volés. On les désigne par trois initiales qui reviennent constamment dans les journaux locaux, I. D. B. L'individu au nom duquel sont accolés ces trois signes mystiques s'appelle, en toutes lettres, un *Illicit Diamond Buyer* : c'est celui qui achète à vil prix les diamants volés et en fait un commerce illicite.

De toutes les ingénieuses précautions imaginées contre ces recéleurs, il n'en est pas de plus efficace que le devoir de preuve que la loi impose à tout possesseur de diamants. Un bureau spécial, le *Detective Office*, enregistre tout diamant qui sort de la mine et enregistre toutes les ventes dont il est l'objet jusqu'au jour où il quitte un port de la colonie. Chaque diamant a sa généalogie, chaque marchand a son dossier, et le registre porte la trace de chaque changement de main. Tout diamant non enregistré est présumé un diamant volé, et c'est à celui qui en est trouvé possesseur à justifier qu'il l'a acquis honnêtement : s'il n'apporte pas cette preuve, il est flétri des trois fatales initiales : c'est un I. D. B. ! Rien ne lui servira de dire qu'il l'a trouvé, car tout diamant trouvé doit être déclaré au bureau, qui le vendra, s'il n'est pas réclamé, et n'allouera au déclarant qu'un dixième du produit de la vente.

A côté de ce système de mesures préventives, il y a tout un système de répression et de lois pénales du caractère le plus draconien : tribunaux spéciaux, procédure spéciale, police spéciale armée de pouvoirs inquisiteurs qui répugnent à toutes les idées modernes. Mais les I. D. B. ont toutes sortes de tours ingénieux par

lesquels ils déjouent l'habileté des détectives. Un
juif déclara un jour un fusil à la douane de Cape-
Town. Les douaniers, très soupçonneux à l'é-
gard des fils d'Israël, eurent l'indiscrétion de vé-
rifier l'arme, qui leur semblait suspecte, et ils
découvrirent que les deux canons étaient bour-
rés de diamants. Une autre fois, c'était un livre
dont l'intérieur était évidé de telle façon qu'il ne
subsistât que les marges extérieurs des feuilles :
au texte d'un roman anglais avait été substitué
un nid de diamants de la plus belle eau. Les
dames sont de précieux auxiliaires pour ce genre
de contrebande, car elles ont mille moyens de
dissimuler les pierres dans quelque partie de leur
toilette à l'abri de toute indiscrétion. Les I. D. B.
poussent parfois l'audace jusqu'à se vanter publiquement des bons tours qu'ils ont joués à la
douane ou aux détectives, bien entendu après
l'expiration du délai dans lequel la loi autorise
la poursuite et la saisie.

J'ai lu, au Kimberley Club, une étude curieuse
parue dans la *Pall-Mall Gazette* sur les différentes
variétés de I. D. B. L'auteur du croquis montre,
au sommet de l'échelle, l'opulent personnage,
le capitaliste, juif presque toujours, l'organisa-
teur de l'affaire, le bailleur de fonds, qui réalise
presque tous les profits, mais se tient prudem-
ment à l'arrière-plan. Il est soupçonné, on a
l'œil sur lui, mais il n'est presque jamais pris
sur le fait. C'est un homme très respectable, un

gentleman, et son ambition est de se faire élire membre du Parlement de la colonie. Il y arrive presque toujours. A côté de lui, il y a le I. D. B. proprement dit, qui vend en détail la marchandise volée, qui tient ostensiblement un magasin, ou qui spécule. Il est *l'intermédiaire du premier*, et à son tour il emploie le courtier indigène. Celui-ci, qu'il travaille ou non dans les mines, *a pour fonction d'exciter au vol ceux qui opèrent sur le terrain.* Au quatrième échelon, nous trouvons le Cafre qui vole. Il n'y a pas moins de six mille Cafres qui travaillent sous terre et sur les champs de pulvérisation, et il est clair qu'ils ont mille occasions de commettre des larcins. Attirés à Kimberley par l'espoir de gagner de quoi acheter une femme, ces pauvres Cafres succombent facilement à la tentation. Ce sont eux qui payent leur dette à la loi pénale. Pendant que le respectable gentleman siége au Parlement, le Cafre, gibier de potence, s'en va grossir l'armée des convicts.

Le Cafre est naturellement voleur : le vol est chez lui un système, et il le pratique avec une adresse incroyable ; doué d'une vue bien supérieure à celle du blanc, dès qu'il aperçoit un diamant, il sait tromper la surveillance en saisissant la pierre entre les orteils, et il sait la cacher si habilement dans la bouche que l'examen le plus minutieux ne la fera point découvrir. A ses yeux le vol n'a rien de dégradant : il met à tromper le blanc une sorte de point d'honneur et d'orgueil national, et c'est ainsi qu'il est le plus utile instrument des I. D. B.

Quelqu'un m'a soutenu très sérieusement que les I. D. B. rendent de précieux services à la colonie. Pourquoi ? Parce qu'ils dépensent sur place ce qu'ils gagnent, tandis que le possesseur légitime envoie son gain en Europe et quitte la colonie dès qu'il s'estime assez riche. L'I. D. B. est donc un mal nécessaire, sinon un bienfait. Singulier pays que ce pays des diamants !

Pour soustraire le Cafre au contact de l'I. D. B., on l'a isolé dans ces compounds murés, où le ciel même est clos, car la cour à ciel ouvert est tendue d'une toile métallique depuis qu'on s'aperçut un jour que les noirs lançaient par-dessus les murs des paquets de diamants à des compères du dehors. Non seulement on les traite en prisonniers, on les soumet encore à la plus minutieuse et à la plus dégradante des inquisitions. Le Cafre soupçonné de vol doit, au sortir de la mine, subir une exploration corporelle : on lui visite la bouche, le nez, les oreilles, les cheveux, les orteils, les aisselles, les plus intimes parties du corps qui peuvent dissimuler un diamant. Mais comment s'assurer s'il n'a pas avalé le corps du délit ? Comment se livrer à une exploration interne ? Comme il n'est guère possible de retourner la peau d'une Cafre, on enferme le sujet soupçonné dans une cellule où on le sou-

met à une quarantaine et où on lui administre
une potion qui fait sûrement découvrir... la vérité. Que de joyaux brillent sur les épaules des
reines de la beauté qui n'ont pas d'autre acte de
naissance !

XI

UNE CRÉATION DE CECIL RHODES

Après les compounds, on m'a montré Kenilworth. Après la vie claustrale des noirs, la vie libre des blancs.

Kenilworth est une création de M. Cecil Rhodes. Il a lu « Germinal », et il raconte volontiers que c'est dans ce livre qu'il s'est inspiré de la nécessité de procurer aux mineurs des habitations où ils puissent trouver le confort et les douceurs du foyer. Si l'œuvre de M. Zola n'avait porté que d'aussi beaux fruits, il lui serait beaucoup pardonné.

Quel indicible contraste entre Kenilworth et les compounds ! Une oasis dans un désert sans arbres et sans verdure, un petit paradis terrestre à côté de l'enfer des mines de diamants. Et dans cette oasis, un village qui est le plus joli des villages, un village qui n'est plus, cette fois, en fer-blanc, mais en briques et en bois, un village réalisant le *rus in urbe* d'Horace, où les habitations sont comme autant de petites maisons de plaisance, où les rues sont des avenues pleines de silence et de fraîcheur, tracées dans une forêt ombreuse, et où la forêt est faite de ces merveilleux eucalyptus dont la croissance est si rapide qu'ils atteignent en peu de mois la hauteur de nos arbres de haute futaie. Et c'est ainsi que, dans un pays nu, une forêt a poussé comme par enchantement.

Cet Eden est à une demi-lieue de Kimberley, mais un tramway le met en communication avec la mine De Beers. Toutes les avenues convergent au centre du village, où s'élèvent les bâtiments du club. Un club à l'usage des mineurs, où ils trouvent tout ce qu'on peut prétendre d'un club, bibliothèque, salle de lecture, salle de billard, et même un restaurant où ils peuvent prendre leurs repas en commun pour vingt-cinq shillings par semaine. Et autour du club, un charmant jardin riche de fleurs et de verdure.

Le loyer des célibataires ne s'élève pas à plus d'une livre sterling par mois : ils dépensent donc trois francs par jour pour leur nourriture et leur logement, mais comme leur salaire minimum est de treize francs par jour, ils peuvent économiser dix francs. Les mineurs mariés occupent des chalets dont le loyer maximum est de quinze cents francs par an.

On le voit, la situation du mineur blanc est infiniment plus belle que celle du mineur noir: le blanc touche un gros salaire et vit librement au grand air ; le noir, auquel incombent les plus pénibles travaux, ne touche pas le tiers du salaire des blancs et vit sous une surveillance étroite dans une véritable servitude. C'est que la nature et les conditions du travail varient chez l'un et chez l'autre : l'indigène apporte la force des bras, le blanc est la tête qui la dirige. Les besoins de l'indigène sont d'ailleurs bien plus limités que ceux du blanc. Peu lui importe de faire fortune et de mener une existence luxueuse. Il ne s'engage au travail des mines que pour satisfaire ses besoins immédiats ; et quand il a amassé le petit pécule qu'il lui faut pour acheter une femme et se construire une hutte, il se considère comme assez riche pour ne rien souhaiter de mieux, et il s'en retourne satisfait au kraal de sa tribu.

On raconte ici qu'un pauvre diable de Cafre vient de découvrir à Jagersfontein le plus gros diamant qu'on ait jamais vu (1) : il a reçu comme récompense de son aubaine une somme de cent et cinquante livres sterling, un cheval et une selle. Il n'a pas attendu vingt-quatre heures pour enfourcher son cheval et disparaître avec sa fortune, qui lui permettra de s'offrir dix femmes dans son pays.

On ne peut donc obtenir de ces grands enfants

(1) Cette pierre ne pèse pas moins de 971 carats. La plus grande pierre taillée à Amsterdam en 1885 ne pesait que 457 carats et produisit deux millions de francs.

d'autre effort que celui qui résulte de la contrainte et de la surveillance, et il a fallu imaginer un système qui n'est autre qu'une sorte d'esclavage déguisé. Tel qu'il est, ce système est trop artificiel, trop contraire à la nature pour être recommandable ; il eût fait horreur au cardinal Lavigerie ; mais il s'en dégage cet utile enseignement qu'il est possible d'employer la race noire aux travaux les plus pénibles, de l'intéresser à l'appât d'un salaire et de l'initier à la valeur de l'argent. Il n'est pas un blanc qui consentirait à aliéner sa liberté par le régime des compounds qui, appliqué à des Européens, semblerait tout simplement monstrueux ; les noirs s'y prêtent si bien que les demandes d'engagement ne font jamais défaut ; beaucoup se soumettent pendant des années à cette claustration volontaire, qu'il leur est d'ailleurs loisible d'interrompre par des congés temporaires.

L'homme qui a donné à Kimberley sa physionomie actuelle, qui rappelle si peu le Kimberley d'il y a vingt ans, tel que nous l'ont décrit les voyageurs de l'époque (1), est M. Cecil Rhodes, fondateur de la Compagnie De Beers, et aujourd'hui premier ministre de la colonie. On l'appelle le « Roi des Diamants », et puisqu'il est roi, on voit son portrait partout, et on conduit l'étranger dans ses écuries, pour lui faire

(1) Desdemaines Hugon, les Mines de diamants du Cap. *Revue des Deux-Mondes*, 1ᵉʳ juin 1874.

admirer les zèbres et le superbe cheval arabe de Sa Majesté. Son nom a été donné à une mine et à un diamant célèbre : la mine s'appelle « The Premier », et le diamant « Porter Rhodes ».

Il y a quelques années, Kimberley essuya une de ces crises qui affectent les mines de diamants comme toute autre industrie. Une concurrence effrénée avait fait tomber le diamant à un prix tellement bas qu'il ne pouvait plus rémunérer l'exploitation. D'autre part, l'extraction à ciel ouvert avait dû être abandonnée dans plusieurs mines par suite des éboulements. Deux mesures s'imposaient pour sauver la situation : la fusion des compagnies et la limitation de la production. Mais que d'obstacles le conflit des intérêts ne devait-il pas opposer à l'exécution de ce double plan !

Cecil Rhodes, l'homme nécessaire, résolut un problème qui semblait insoluble. Arrivé à dix-huit ans à Kimberley, il plaça son petit avoir dans la mine De Beers. Quand vinrent les temps difficiles, il chercha un remède à la crise, le trouva, et à trente-six ans se vit possesseur d'une fortune de plus de deux millions de livres sterling. Il eut beaucoup d'envieux, mais ses ennemis ne purent jamais ternir sa réputation d'honnêteté. Sous sa direction, la compagnie De Beers acheta secrète-tement, par des intermédiaires, toutes les mines concurrentes, si bien qu'un jour elle commanda la situation. Elle se reconstitua sous le nom de

« De Beers Consolidated », et absorba toutes les mines en un vaste syndicat qui exerce aujourd'hui un véritable monopole sur l'industrie des diamants. Sous l'empire de ce syndicat, qu'on appelle le « Colosse de Rhodes », le prix des diamants s'est relevé de cinquante pour cent, la production annuelle s'élève à plus de quatre millions de livres par an, et les actionnaires touchent une dividende de six pour cent sur un capital nominal de 3.950.000 livres sterling, ce qui représente près de cent millions de francs.

Le Colosse de Rhodes est le Pactole de l'Afrique Australe : il enrichit les actionnaires, en leur donnant de gros dividendes; il enrichit la colonie, en conservant la vie à une industrie qui était menacée d'une mort certaine ; il enrichit tous les possesseurs de diamants, en relevant le cours du carat. Mais c'est un monopole, et le monopole est désastreux pour le commerce local et pour cette classe d'aventuriers qui courent après les fortunes rapides et faciles.

Aussi, le Kimberley d'aujourd'hui n'est plus le Kimberley des grands jours : sa population, loin de croître, a diminué de moitié. Plus de chercheurs de diamants travaillant individuellement sur leur parcelle, plus de courtiers, plus d'agents de change, plus d'intermédiaires à la solde de différentes compagnies rivales. Johannesburg a supplanté Kimberley comme lieu d'attraction, les chercheurs de diamants se sont faits chercheurs d'or, leur boussole s'est orientée vers un nouvel El Dorado.

Les compounds n'ont pas peu contribué à modifier la physionomie de Kimberley. S'imagine-t-on l'aspect d'une ville africaine dont la population africaine est tenue sous clef ? Depuis qu'ils sont entretenus et nourris par la compagnie, les indigènes ont cessé de fréquenter les magasins, au grand dommage du commerce. Les propriétés immobilières sont frappées d'une telle dépréciation qu'il est arrivé qu'une maison rapportait un loyer annuel s'élevant presque au tiers de son prix d'achat. Cette dépréciation n'a d'autre cause que l'incertitude de l'avenir. Kimberley, qui ne vivait que de l'industrie du diamant, devait déchoir du jour où cette industrie fut monopolisée. Mais on se demande ce que serait devenu Kimberley sans cette mesure nécessaire. Le monopole a régularisé les fonctions d'un corps dont il a expulsé les éléments malsains. Les mines sont inépuisables, mais le syndicat en limite la production, de façon à ne point laisser s'avilir le diamant. Or, comme les mines de l'Inde et du Brésil ne donnent qu'un septième de la production de l'Afrique Australe, Kimberley continuera à exercer sa souveraineté sur l'industrie du diamant aussi longtemps qu'on n'aura pas découvert d'autres gisements.

Mais Kimberley ne sera jamais une ville. Même dans ses plus beaux jours, elle n'a été qu'un

campement de mineurs : elle n'a dû son existence qu'aux diamants, et elle ne sera jamais
un séjour fixe et permanent. Le site est lugubre,
les environs sont déserts, le climat est froid
en hiver, torride en été. Pendant mon séjour,
il n'a cessé de pleuvoir, bien que l'hiver soit la
saison sèche. C'est là que j'ai eu ma dernière
crise d'influenza, compliquée d'accidents qui
m'ont cloué deux jours au lit. Kimberley est un
de ces lieux qu'on quitte avec bonheur et avec
le ferme propos de n'y revenir jamais. Je n'y ai
passé qu'une semaine, et combien long m'a
paru ce séjour ! Et pourtant que n'a-t-on pas
fait pour me retenir encore ! Mais l'hospitalité la
plus cordiale n'a pu me changer Kimberley.

A l'heure du départ, je me vois entouré de
tous mes amis du club, qui ont tenu à venir me
faire leurs adieux à la gare. Je retrouve parmi
eux un compatriote, le docteur Van den Heuvel,
un de nos vétérans de l'exploration africaine,
chez qui j'ai passé mes meilleures heures. Mais
le train part, les dernières poignées de mains
s'échangent... Adieu, Kimberley, adieu !

XII

L'ÉTAT LIBRE D'ORANGE

Il n'y a peut-être pas deux villes au monde qui, tout en étant si voisines, sont en réalité aussi éloignées l'une de l'autre que Kimberley et Bloemfontein. Les deux villes ne sont pas distantes de plus de 128 kilomètres ; mais la voie ferrée, qui suit les trois côtés d'un parallélogramme, présente un développement de 640 kilomètres, le quintuple de la distance réelle, et l'on met vingt-quatre heures à franchir un trajet qu'on franchira en cinq heures lorsqu'on aura construit une ligne directe à travers l'État libre d'Orange.

Me voici de nouveau dans la solitude du Karou, tout seul dans mon wagon, qui roule avec une désespérante lenteur dans la plaine triste, jaune et infinie. Pour atteindre Bloemfontein, il faut refaire, jusqu'à De Aar Junction, un trajet déjà fait. A sept heures du soir le train franchit le fleuve Orange sur un long pont de fer, et une demi-heure d'arrêt est accordée pour dîner à la gare d'Orange River. Le dîner justifierait les doléances de lord Randolph Churchill, qui s'est

plaint avec beaucoup de raison du régime ali-
mentaire qu'il a eu à souffrir lors de son voyage
en Afrique Australe.

Quand le train repart, j'allume un cigare pour
oublier mon lamentable repas, et je me mets à rêver dans la nuit. C'est une étrange impression que
de rouler en chemin de fer dans ces pays neufs
où hier encore le plus rapide moyen de transport
était le coche attelé de dix mules. Diligences
et chars à bœufs ne sont déjà plus qu'un souvenir passé. Dans la nuit noire on peut se croire
non en Afrique Australe, mais dans les prairies
du Far West ou dans les pampas de l'Amérique
du Sud, qui étaient, il y vingt ans, ce qu'était
l'Afrique Australe il y a quelques mois. Dans
vingt ans encore, l'Afrique entière sera peut-être
sillonnée de voies ferrées, et le sifflet de la locomotive retentira dans les déserts et les forêts où
il n'y a aujourd'hui d'autres sentiers que ceux
tracés par le lion et l'éléphant. Et quand le chemin de fer aura uniformisé le monde entier, le
monde sera pris de cet immense ennui prophé-
tisé par cet écrivain qui parcourut l'Espagne au
temps des diligences, des mayorals et des brigands.

A minuit j'arrive à De Aar Junction, point de
rencontre des trois lignes qui constituent le réseau de chemins de fer de la colonie, la ligne de
l'Ouest, la ligne de l'Est, et la ligne du Centre.
Un employé du chemin de fer, à qui je demande

s'il faut changer de train, me répond avec le laconisme anglais : « Vous le pouvez si vous le voulez ». Cette réponse, pour paraître peu polie, n'est qu'énigmatique : on s'explique, et j'apprends que je puis changer aussi à Naupoort ; mais comme nous ne serons à Naupoort qu'à trois heures du matin, mieux vaut changer ici pour dormir sans interruption. Mais quand arrive, une demi-heure après, le train de Cape-Town, le conducteur m'objecte qu'il n'y a pas de place dans le wagon-lit, et que force sera de changer à Naupoort. A cette objection, j'oppose mon papier officiel. L'effet est magique, le conducteur s'empresse de m'ouvrir un compartiment à couchettes où dorment à poings fermés deux dignes missionnaires anglais qui ont déposé tous leurs bagages sur les couchettes supérieures : dérangés dans leur doux sommeil, ces messieurs me font place en maugréant. Malgré l'exiguïté du compartiment hermétiquement clos, la nuit est glaciale, et je bénis le « karos » que j'ai acheté à Kimberley. Personne ici ne voyage sans ce précieux « karos » qui, pour n'être qu'une grossière peau de mouton, n'en est pas moins la plus chaude des fourrures. Mes deux missionnaires, en vrais Anglais pratiques, voyagent avec tout un arsenal de couvertures, de plaids, de châles, de pardessus, de coussins. On voit que l'opulente « Missionary Society » veille au bien-être de ses agents. Il est juste de dire qu'outre ce bagage matériel ils ont un bagage spirituel : ils ont toute une bibliothèque de publications évangéliques, de revues religieuses, et, en guise de prière du matin, ils lisent, ou font semblant de lire d'immenses bibles dont la seule vue ne peut manquer d'exercer une salutaire impression sur les indigènes du Swaziland qu'ils vont évangéliser, pour préparer les voies à l'annexion anglaise.

Pendant la nuit nous avons repassé la rivière Orange, et le pays qui se déroule maintenant au regard est le territoire de l'État libre, la plus ancienne des deux républiques indépendantes qui ensemble occupent une si grande place dans l'Afrique Australe. A l'aspect du paysage, on ne se douterait guère qu'on a changé de contrée, car c'est toujours le même « veldt » sans arbres, borné par les mêmes collines tabulaires. Les yeux s'ouvrent le matin sur les mêmes scènes qu'ils contemplaient la veille. A mon réveil, il tombe une pluie battante, qui durera toute la journée, tout comme si l'hiver n'était plus la saison sèche. Je ne sais vraiment ce qu'il faut croire de cette prétendue saison sèche de l'Afrique Australe ! Cette pluie accentue encore la souveraine monotonie du voyage. Du matin au soir, ce sont les mêmes horizons. De loin en loin surgit une ferme isolée, plus rarement encore un village. Les distances semblent incommensurables, comme dans les steppes de la Russie, et l'on se

représente difficilement ce qu'il a fallu de temps
et de patience pour les franchir au lourd pas des
bœufs, lorsque les Boers vinrent chercher dans
ces grandes plaines une nouvelle patrie.

Et en vérité, ces immenses espaces sont bien
le pays qui convient aux Boers : chacun d'eux
peut mettre entre lui et son voisin la distance
qu'il lui faut pour faire paître au large ses bœufs
et ses moutons. A la vue de ces étendues illimitées, sans arbres et sans cultures, où errent
de longues files de chars à bœufs, on devine qu'on
est entré dans le véritable domaine des Boers.

Curieux phénomène que cette république pastorale de l'Orange, complètement enclavée au
milieu des colonies anglaises de l'Afrique Australe. Dans ce vaste continent, ce n'est qu'un
petit État, quoique son territoire égale le tiers
de la France. L'enclave est complète : l'État
libre est absolument enfermé dans les pays britanniques, sauf du côté du Transvaal, auquel il
confine par le nord, et qui n'est lui-même qu'une
enclave. Placé à soixante lieues de la mer des
Indes et à deux cents lieues de l'Atlantique, il est
séparé des deux Océans par de hautes chaînes de
montagnes qui l'isolent du monde; il n'a pas
d'autre mer que le « veldt » et jusque dans ces
derniers temps n'avait pas d'autres vaisseaux
que le char à bœufs. Mais depuis quelques mois
le chemin de fer le traverse de part en part, et
avec le chemin de fer la fin de l'ère pastorale est

proche : les richesses du sol, inexploitées jusqu'aujourd'hui, seront bientôt mises en valeur
par ces mêmes Anglo-Saxons qui ont posé leurs
rails sur le « veldt ».

L'État libre doit son origine au fameux
exode connu sous le nom de grand « trek ».
L'émancipation des esclaves, décrétée en 1835
dans les colonies anglaises, provoqua le mécontentement des colons hollandais, qui se considé-
rèrent comme injustement dépouillés. Ils vendirent leurs biens et « trekkèrent » par milliers,
vers les territoires situés au delà du fleuve
Orange, qui n'avaient jamais été foulés par les
blancs, et que les récits des chasseurs griquas
leur avaient représentés comme une contrée fertile et giboyeuse. Avides d'indépendance et de
liberté, ils choisirent pour chef un homme pieux,
intelligent et brave, du nom de Pieter Retief, qui
conduisit son peuple vers la terre promise. Plus
de six mille émigrants, constituant l'élite de la
colonie du Cap, voyageant les uns en char à
bœufs, les autres à cheval ou à pied, mirent le
fleuve Orange entre eux et les Anglais. Un certain nombre allèrent jusqu'au Natal et au delà du
Vaal, mais la plupart s'établirent entre le Vaal
et l'Orange. Trouvant le champ libre dans ces
grandes plaines herbeuses qui n'étaient habitées
que par les Bushmen et quelques autres tribus
indigènes, ils y fondèrent une république et adop-
tèrent en 1854 une constitution calquée sur celle

des États-Unis. Cette république est gouvernée par un président électif nommé pour cinq ans et par un volksraad, ou assemblée populaire, dont les membres sont élus pour quatre ans.

Une république qui se respecte doit avoir une capitale. La république d'Orange a la sienne, mais cette capitale fait si peu parler d'elle que j'avoue que je n'en connaissais pas le nom avant d'avoir combiné mon programme de voyage. Ce nom me fascina tout de suite quand je le vis pour la première fois sur la carte. *Bloemfontein !* Naturellement, je traduisis « Fontaine des fleurs », et ce nom si doux, si poétique, évoquait en moi les bucoliques souvenirs de l'Arcadie. Mais il paraît que je m'étais trompé : Bloemfontein n'est pas la fontaine des fleurs. Au pays des Boers, villes et villages sont généralement situés dans le voisinage d'une eau courante qu'ils appellent « fontein ». Or, le premier Boer qui s'établit au bord de la rivière qui arrose la contrée s'appelait Bloem : il donna son nom à la future capitale de la république. Bloemfontein, Jagersfontein, Matjesfontein, Olifantfontein sont autant de noms de villes.

Me voici dans la métropole de l'Orange qui, il y a quelques mois à peine, n'était encore accessible qu'en diligence ou en char à bœufs. A l'aspect de cet amour de capitale, où l'on débarque aujourd'hui en chemin de fer, je me suis rappelé Tromsoe, cette capitale de la Laponie, qui

prétend au titre de « Paris du Nord ». Le plus
naïf de nos villages aurait aussi grand air que
le « Paris des Boers ». Lorsqu'on m'assurait à
Kimberley qu'il fallait deux heures pour voir la
ville, je croyais qu'on se moquait : on exagérait
encore, car une heure suffit pour en parcourir
toutes les rues.

Bloemfontein compte une population de trois
mille blancs. Il y a, en outre, environ quinze
cents Cafres ; mais cette population indigène est
reléguée dans un village voisin, une «location »,
qui porte le nom de Wray Hook. C'est peu pour
la capitale d'un territoire d'une telle étendue.
Dans cette république, la capitale est un village,
et les villages sont des fermes isolées, comme en
Islande. Bloemfontein est elle-même absolument
isolée dans la plaine : sauf la « location » indigène qui se trouve à une demi-lieue de la ville,
elle n'a point de faubourg, et elle a des limites
aussi précises que celles d'une forteresse.

Qu'on s'imagine une aimable petite ville
hollandaise, d'aspect plus propret, plus avenant
que Kimberley qui est sa plus proche voisine et
à laquelle elle ne ressemble en aucune façon :
elle a des maisons plus substantielles, non plus
en horrible fer-blanc, mais en briques et en
pierres, et généralement sans étage. Une longue
artère la traverse de part en part, coupée par
une vaste place carrée qui forme le centre de la
ville et qui présente un aspect pittoresque les

jours de marché, quand elle est encombrée de chars à bœufs. Quatre rues courent parallèlement à cette grande artère et sont coupées à angle droit par des rues transversales, en sorte que Bloemfontein a l'irréprochable régularité d'une ville américaine. Cette ville de trois mille âmes est dix fois plus étendue qu'une de nos villes de même importance, par suite de l'éparpillement des maisons entre lesquelles il y a de vastes espaces qui attendent les constructions futures. Elle n'est pas grande, sans doute, mais elle fait semblant de l'être, et si elle n'a point les magnificences d'architecture qui conviennent à une capitale, tout y respire un air d'aisance et de bonheur tranquille qui atteste que la pauvreté y est inconnue. Le chemin de fer ne manquera point de changer tout cela, mais aujourd'hui encore il en coûte, pour vivre dans cette petite ville, trois fois plus qu'à Paris; la monnaie de cuivre y est aussi inconnue qu'à Kimberley; la cherté de la vie en éloigne les oisifs, les mendiants et les vagabonds. Cette ville, qui n'a point de classe pauvre, n'a pas non plus de classe ouvrière, parce qu'elle n'a pas d'industrie. Aucune usine, aucune manufacture, aucune machine. C'est la ville des Boers, et les Boers n'ont jamais été et ne seront jamais des fabricants. Il y a bien la gare du chemin de fer, mais le chemin de fer est aux mains des Anglais.

Enfin Bloemfontein ne serait pas Bloemfontein si l'on y voyait des soldats. Cette heureuse ré-

publique n'a point d'armée, quoique tous les citoyens puissent être appelés à servir en temps
de guerre. Il y a bien une citadelle, érigée au
sommet d'une colline qui domine d'un côté la
ville, de l'autre une campagne d'une complète
nudité et d'une souveraine tristesse ; mais elle
ne m'a pas paru bien terrible, cette jolie petite
citadelle de parade, défendue par deux pièces de
canon et par un corps de quarante-huit artilleurs
qui constituent l'armée permanente de l'État,
affublés d'un uniforme gris fort laid, sous lequel
ils semblent s'ennuyer à mourir. Je les ai vus se
livrer, en guise d'innocent passe-temps, à des
exercices de gymnastique sur la barre rigide
et sur le trapèze. Cette armée d'opéra-comique
suffit à maintenir la sécurité de la république,
qui n'a d'ailleurs jamais eu d'autres ennemis
que les Basoutos. Il y a, tout près de la citadelle,
au point culminant de la colline, un monument
en forme de pyramide, érigé par la nation re-
connaissante aux braves qui succombèrent dans
la guerre contre les Basoutos.

En somme, cette petite ville de Bloemfontein
a son cachet spécial : il n'y avait aucune raison
de l'établir ici plutôt qu'ailleurs ; le site n'est ni
plus pittoresque ni plus fertile que le reste de la
contrée, mais il était nécessaire que la république
d'Orange eût une capitale, et Bloemfontein a été
choisie parce qu'elle est au centre du pays, tout
comme Madrid ou Bruxelles.

On pourrait s'attendre à trouver dans une capitale des hôtels décents, mais c'est là un luxe inconnu dans toute l'Afrique Australe. L'hôtel Bloemfontein, qu'on m'avait signalé comme le meilleur, est d'une saleté toute africaine. La première nuit j'ai dû partager ma chambre avec un Boer gigantesque, qui ronflait comme un Polyphème dans une chemise malpropre et dormait avec un gros chien. Je ne parle point des concerts de chats, des piaffements de chevaux, des sarabandes de rats et de mille autres trouble-sommeil. Glissons sur ces petites misères, qui font partie d'un voyage d'agrément.

Ce que j'envie le plus aux paisibles habitants de Bloemfontein, ce n'est ni le calme de leur existence bucolique, ni le bonheur qu'on peut éprouver à ne rencontrer dans les rues ni soldats ni mendiants, ni même le charme qu'il peut y avoir à habiter une ville sans usines, sans fumée, sans bruit. Ce que je leur envie, c'est leur climat idéal, c'est la pureté du ciel, c'est l'air qu'ils respirent. Ah! cet air du haut plateau d'Orange, comme il dilate les poumons, comme il pénètre tous les sens de joie et de bonheur! Aussi léger, aussi éthéré que l'air des Alpes, aussi sec, aussi sain que l'air qui baigne les glaciers du Caucase. Maintenant que Bloemfontein n'est plus qu'à trente-six heures de Cape-Town, elle ne peut manquer de conquérir bientôt sa place parmi les stations climatériques les plus propres à

guérir ou à soulager les pulmonaires. Située à
1.800 mètres au-dessus du niveau des mers, c'est-
à-dire à la même altitude que la Maloya, elle
joint à une remarquable égalité de température
une atmosphère plus élastique et plus rafraîchis-
sante que celle qu'on peut trouver en Égypte ou
à Madère. Ce n'est pas, toutefois, que Bloèmfon-
tein jouisse d'un printemps perpétuel : j'y suis
arrivé au cœur de l'hiver, par un jour pluvieux
et froid, un de nos mauvais jours de novembre,
quoique nous soyons en juillet, et le lendemain
il soufflait un vent du sud aussi âpre et aussi
mordant que notre vent du nord ; j'ai même vu
une photographie, prise au mois de juillet de
l'année dernière, et représentant la ville blanchie
par une mince couche de neige ; mais ce sont
là, me dit-on, des phénomènes exceptionnels, et
l'hiver, même avec ses rigueurs passagères, est
la saison la plus sèche et la plus favorable aux
malades. Les nuits sont si claires que la ville se
passe d'éclairage : les étoiles de l'admirable ciel
austral suffisent.

Dans cet air si pur les sons ont une extraordinaire intensité. Comme je contemplais le firma-
ment sur la grande place carrée qui s'ouvre au
centre de la ville, je fus tout à coup distrait de
ma rêverie par des chants sauvages accompagnés
du tambour. Les chants étaient d'une telle sono-
rité qu'on pouvait les entendre dans toute la
ville, et je crus qu'ils ne pouvaient sortir que

de gosiers cafres. En m'approchant, je reconnus que les prétendus Cafres se réduisaient à un sextuor de soldats de l'armée du Salut, hommes et femmes, qui exécutaient leurs cantiques à grand renfort de grosse caisse. Ces pauvres diables prêchaient dans le désert, puisque j'étais le seul assistant, et quand je le leur fis remarquer, dans l'intervalle entre deux cantiques, la grosse caisse étouffa aussitôt ma voix, et les forcenés chanteurs redoublèrent d'énergie. Je n'ai rien vu de plus lamentablement grotesque.

En sa qualité de capitale, Bloemfontein a quelques édifices publics. Elle est la résidence du Staatspresident ou président de la République, elle est le siége du pouvoir législatif et du pouvoir judiciaire, elle a des églises, elle a des écoles. Les églises n'ont rien de monumental. La cathédrale, consacrée au culte de l'église hollandaise réformée, n'est qu'un temple de village. Pendant longtemps l'assemblée des représentants du peuple, le « Volksraad », a siégé dans un odieux bâtiment situé à l'extrémité de la ville; pendant que j'étais à Kimberley, on a inauguré, tout à côté, un palais législatif, le « Raadsaal ». Ce prétentieux temple grec, qui n'a pas coûté moins d'un million de francs, paraît un peu dépaysé dans cette modeste capitale. L'édifice est surmonté d'une coupole, comme le Capitole de Washington. J'y suis entré à l'heure de la séance, qui se tient le matin, de dix heures à midi. La salle des débats est d'une grandeur tellement exagérée qu'on y logerait aisément tous les habitants de la ville ; occupant presque toute l'étendue de l'édifice, dont elle a la forme oblongue, elle est divisée en deux enceintes d'égale grandeur, que sépare une simple balustrade en bois. La première enceinte est destinée au public, auquel sont libéralement allouées dix-sept rangées de seize confortables fauteuils ; mais il faut croire que les débats ne passionnent guère les paisibles habitants, car je n'ai compté que trois assistants, *rari nantes* dans cette houle de fauteuils. La seconde enceinte, qui occupe le fond de la salle, est celle où siégent les cinquante-six élus de la nation : leurs fauteuils sont disposés non en hémicycle, mais en carré, autour de la table ronde où écrivent les scribes. Au fond, est la tribune en chêne où siégent le Raadspresident et le Staatspresident. La décoration de la salle est d'une sévère simplicité : les murs, couleur vert d'eau, supportent un élégant plafond auquel pendent une vingtaine de drapeaux blanc et orange, couleur de l'État libre.

Ce Volksraad a une physionomie patriarcale, tranquille et reposante, qui contraste avec les agitations de nos parlements européens : sur les cinquante-six membres qui le composent, il y a quarante-six Boers : un parlement de fermiers et de paysans, reflétant bien l'image d'une république pastorale. La séance est d'un calme plat, coupée de silences plus longs que les discours : de temps en temps, un orateur d'un aspect peu troublant se lève pour dire quelques mots dans la vieille langue hollandaise, puis se rasseoit, et il se passe plusieurs minutes avant qu'un autre orateur réponde au préopinant sur le même ton paisible et lent. Si ces Boers, boutonnés dans leurs redingotes, portaient le costume de leurs ancêtres, l'illusion serait complète ; ils ont, pour la plupart, des physionomies du dix-septième siècle, telles qu'on en voit sur les tableaux des vieux peintres hollandais, et la langue qu'ils parlent ne s'est guère transformée depuis que Jean Van Riebeck fonda, en 1652, la colonie hollandaise de l'Afrique Australe.

Le Volksraad est une assemblée bien plus omnipotente que ne le sont nos parlements européens : il n'y a point ici une chambre basse et une chambre haute, il n'y a que le Volksraad, dont les décisions sont souveraines, car le président n'est point armé du veto. L'assemblée représente presque exclusivement les intérêts ruraux : des cinquante-six membres, il n'en est que treize qui soient désignés par les soi-disant villes, tous les autres sont désignés par les districts ruraux. La capitale elle-même n'envoie qu'un seul député. Les villes qui ont quelques attaches anglaises ont donc une bien minime influence dans cette assemblée de Boers, et comme les Boers sont tous de fervents partisans de l'indépendance de leur pays, l'Angleterre ne pourra jamais confisquer cette indépendance que de la façon dont elle a essayé de le faire au Transvaal. Les députés sont élus pour quatre ans, et la chambre est renouvelée par moitié tous les deux ans. Ils reçoivent une indemnité de vingt-cinq francs par jour pendant la session. Le président de la République a un siége à côté de celui du président de la chambre : il peut prendre part aux débats, mais non aux votes. La chambre peut l'inviter à se retirer, mais elle n'a jamais usé de ce pouvoir. Le président est élu par les bourgeois pour un terme de cinq ans, et comme il peut être réélu indéfiniment, on a vu le prédécesseur du président actuel, M. Brandt, occuper la présidence pendant vingt-cinq années consécutives.

Le système électoral de l'État libre est beaucoup moins démocratique que celui de la colonie du Cap, en dépit de la forme républicaine du gouvernement. L'électorat appartient aux bourgeois âgés de vingt et un ans, et sous ce titre de bourgeois on comprend trois catégories d'individus : les blancs nés dans le pays, les blancs résidant dans le pays depuis au moins un an et propriétaires de biens immobiliers d'une valeur de cent et cinquante livres sterling, enfin les blancs qui ont résidé dans le pays pendant trois années consécutives. Les individus de la deuxième et de la troisième catégorie ne peuvent toutefois être admis au rang de bourgeois qu'après avoir produit, devant le Staatspresident, un certificat de bonne conduite émanant des autorités de leur dernier lieu de résidence, et, en outre, une promesse écrite de fidélité envers les lois du pays.

Ce qui caractérise ce système électoral, c'est l'exclusion des noirs. Dans la colonie du Cap, le Cafre est électeur ; dans l'État libre, le Cafre n'exerce aucun droit politique. Les Anglais, en affranchissant les noirs, ont proclamé le principe que dans un pays libre il ne pouvait y avoir aucune distinction de couleur. Les Hollandais n'ont pas eu semblables scrupules : le droit de suffrage est, chez eux, un privilége exclusivement réservé aux citoyens de sang européen; et l'on comprend ainsi combien les Boers répugneraient à l'annexion anglaise, qui aurait pour premier résultat de supprimer un privilége dont ils ont toujours été si jaloux.

Aller à Bloemfontein sans voir le Staatspresident, ce serait comme aller à Rome sans voir le Pape. Le président Reitz est d'un abord facile, et les étrangers qui l'approchent se retirent toujours enchantés de ses manières simples et affables et de sa conversation pleine de charmes. De même que son prédécesseur le président Brandt, il est originaire de la colonie du Cap, et il a exercé la profession d'avocat à Cape-Town.

Il est poète dans ses moments perdus, et ses vers respirent l'amour de son pays. Comme il est jeune encore, et qu'il a su se rendre populaire, il paraît destiné à une longue carrière présidentielle. Le président de la petite république d'Orange m'a paru être beaucoup plus convenablement logé que le président de la grande république américaine dans sa piteuse Maison Blanche. Il habite, à l'extrémité de la ville, une superbe villa entourée d'un parc, et cette demeure, propriété de l'État, est le plus bel ornement de la capitale.

Je tenais de mon ami M. Ieslein, consul général de l'État libre, une lettre d'introduction pour « Son Honneur », —c'est le titre qu'on décerne au Staatspresident. — Il s'est excusé de ne pouvoir me recevoir comme il l'eût voulu, parce qu'un septième enfant venait de lui naître! Voilà un chef d'État qui ne craint pas d'enseigner par l'exemple que le premier des devoirs est de donner des citoyens à la patrie ! M. Reitz a le physique du robuste homme du Nord : de belle carrure et de haute stature, le front haut, le regard franc et doux, la barbe longue et touffue, il m'a rappelé le type norwégien plutôt que le type hollandais. Physionomie avenante et sympathique, et homme du monde faisant contraste avec son voisin du Transvaal, M. Kruger, dont les mœurs rustiques sont proverbiales. Il manie la langue anglaise avec la même facilité que la langue des Boers,

et pour faire connaître son pays, il a même écrit
en anglais, à l'occasion de l'exposition de Chicago, une petite brochure intitulée: « The Orange
Free State Republic, » dont il m'a gracieusement
fait hommage: on y trouve des aperçus sur l'histoire, l'aspect, la population, le climat, les ressources et le gouvernement du pays.

Lors du voyage que firent en Europe, il y a
quelques années, M. Kruger et deux de ses ministres, il fut beaucoup question de l'émigration
de nos populations au pays des Boers. J'ai voulu
connaître sur ce point l'opinion d'un homme aussi
éclairé et aussi compétent que le président Reitz,
et il m'a déclaré sans hésiter qu'il appelle de
tous ses vœux l'émigration européenne. D'après
le dernier recensement, qui n'est d'ailleurs qu'ap-
proximatif, la population du territoire de l'État
libre n'est que de 207.000 habitants ; mais si
l'on déduit de ce chiffre les indigènes Basoutos
et Barolongs, au nombre de 130.000, il ne reste
en réalité que 77.000 blancs, et le nombre des
bourgeois ne dépasse guère 17.000. Ce vaste
territoire est donc à peine peuplé, et près des
deux tiers de sa population se composent de noirs.
M. Reitz m'a beaucoup vanté l'extrême fertilité
des districts orientaux qui confinent au Basou-
toland, ou pays des Basoutos indépendants. Là
la terre produit le froment et toutes les céréales,
et c'est la région qui se prête le mieux à la culture, tandis qu'ailleurs le pays n'est propre qu'à

l'élevage du bétail. D'après M. Reitz, ce district fertile conviendrait éminemment à l'émigration de nos fermiers. Il tient nos cultivateurs en haute estime, et les regarde comme possédant le mieux l'art de faire fructifier la terre et d'en retirer le maximum de produits. Quand je lui ai présenté la grosse objection de ceux qui redoutent le danger d'envoyer des populations catholiques parmi ces Boers qui se glorifient de descendre des Huguenots et qui passent pour être d'une étroite intolérance, il m'a répondu que ni les lois ni les mœurs du pays ne s'opposent à l'immigration d'un nombre limité de catholiques. La constitution de l'État libre consacre la liberté des cultes, et telle est la tolérance religieuse que le Volksraad, composé exclusivement de protestants, vote périodiquement un subside pour subvenir aux besoins du culte catholique. Mais il va de soi qu'il ne peut être question d'une immigration en masse : si cinq cents familles catholiques arrivaient demain à Bloemfontein, elles s'exposeraient tout d'abord à mourir de faim, et elles seraient fort mal reçues par la population, car les protestants sont les maîtres du pays par leur immense majorité, et ils verraient de mauvais œil l'arrivée d'un grand nombre de colons d'une autre communion religieuse. Ce qui manque surtout dans l'État libre, ce sont les professions manuelles: tailleurs, charpentiers, maçons, forgerons gagneraient ici de gros salaires. Il y a aussi grand besoin de mineurs pour exploiter les riches mines de charbon récemment découvertes dans le nord-ouest de l'État. Le seul danger pour l'émigrant, et contre lequel il faut le mettre en garde, c'est, suivant M. Reitz, l'appât des mines d'or, auquel l'émigrant anglais ne résiste pas. Presque tous les Anglo-Saxons venus ici pour cultiver la terre ont couru bientôt aux « gold fields » du Transvaal, et quatre-vingt-dix-neuf sur cent y ont perdu tout leur pécule. Mais le fermier qui aurait la sagesse de résister à ce dangereux appât pourrait faire facilement fortune.

Aux vues du Staatspresident sur l'émigration il est assez curieux de comparer l'opinion d'un des notables de Bloemfontein. M. Beck est le plus riche négociant de l'endroit, et sa maison est, avec celle du président, la plus belle et la plus hospitalière de la ville. C'est un Africander hollandais, mais il protesterait hautement si on le qualifiait de Boer, car il m'a fait du Boer un portrait assez peu flatteur. Les quarante-six Boers qui siégent au Volksraad sont tous, du premier jusqu'au dernier, hostiles à la politique du progrès : ils ont horreur du chemin de fer, du télégraphe, et autres innovations que les Anglais veulent introduire dans leur république pastorale, qui n'a que faire de toutes ces inventions néfastes. Dernièrement encore, ils ont refusé de voter la construction d'une voie ferrée qui unirait Bloemfontein à Port-Natal. Il a fallu toute l'habileté du président Brandt pour obtenir à une seule voix de majorité et après plusieurs échecs successifs, le vote de la convention par laquelle les Anglais ont été autorisés à construire à travers l'Orange le chemin de fer qui fait communiquer la colonie du Cap avec le Transvaal; et encore, jamais convention plus avantageuse n'a été conclue au profit d'un État : en vertu de l'accord intervenu avec le gouvernement du Cap, l'État libre, sans avoir déboursé un penny, a droit à la moitié des bénéfices de l'exploitation, et peut, quand il lui plaira, racheter le chemin de fer au prix coûtant. Suivant M. Beck, les Boers, qui voient de mauvais œil le chemin de fer, sont hostiles aussi à toute immigration étrangère. *Le territoire de l'État est immense, mais il est à peine assez vaste pour un peuple exclusivement pastoral, dont chaque ferme occupe une étendue de quelques kilomètres carrés. Les Boers ont leurs fermes, et leurs fermes leur suffisent : ils n'ont que faire des autres ressources du pays, ils se confinent dans l'étroit égoïsme du paysan. Vos fermiers n'ont rien à faire ici,* me disait textuellement M. Beck. Dans ce pays, toutes les fermes sont aux mains des Boers, et chaque Boer en possède plusieurs, réparties dans des régions différentes. Souvent une longue sécheresse, une pluie de sauterelles ou quelque autre fléau s'abat sur un district : en pareil cas, le Boer, qui est habitué à « trekken », quitte sa ferme pour une autre ; il émigre avec son bétail, et passe la saison dans un district plus favorisé. Ce que peut faire le Boer, l'émigrant ne le pourra point, s'il n'est assez riche pour acheter plusieurs fermes. Les ouvriers de ferme auront une condition pire encore à cause de la concurrence des noirs : les Boers n'emploient en effet d'autres bras que les Cafres, dont la main-d'œuvre ne coûte presque rien. M. Beck m'a raconté qu'un grand seigneur anglais, voulant favoriser l'émigration vers les pays de l'Afrique Australe, transporta à ses frais au cap de Bonne-Espérance un certain nombre de familles auxquelles il donna un petit capital et des instruments aratoires : sa généreuse tentative échoua complètement, et les pauvres gens durent être ramenés en Angleterre. M. Beck n'est d'accord avec M. Reitz que sur un point : il reconnaît que les professions manuelles trouveront ici de l'emploi. Dans toute l'Afrique Australe on entend dire partout que le grand obstacle au développement matériel du pays est la rareté des bras. Les Cafres sont de bons valets de ferme, mais ils n'ont aucune notion des arts manuels, et voilà pourquoi nos artisans seraient très bien accueillis. En un mot, les fermiers trouveraient le champ occupé par les Boers, les hommes de métier trouveraient le champ libre.

Entre deux opinions divergentes il est prudent de n'accepter que la moins intéressée, surtout lorsqu'il s'agit d'une question aussi grave et aussi délicate que l'émigration. Quelle que soit la compétence de M. Reitz, on ne peut oublier qu'il est chef d'État et, à ce titre, intéressé dans la question.

Mais on peut se demander si l'État d'Orange, qui est demeuré jusqu'à présent, pour ainsi dire, fermé au reste du monde, et qui a dû à cet isolement même son existence de république pastorale, ne va pas se transformer sous l'irrésistible impulsion des chemins de fer. La vie pastorale peut se perpétuer dans une contrée telle que l'Islande, grande île perdue près du cercle polaire ; mais il est douteux qu'elle puisse perdurer longtemps dans une contrée englobée dans les possessions britanniques et envahie par la voie ferrée. Cette question des chemins de fer est donc d'une importance suprême pour l'avenir de cette république enclavée, et les Boers en ont si bien conscience qu'ils ont toujours montré les plus grandes répugnances pour les communications faciles et rapides. Le jour où fut inaugurée la ligne qui relie actuellement Cape-Town et Bloemfontein a marqué le point de départ d'une ère nouvelle, et il ne paraît pas douteux que cette ère nouvelle sera marquée dans les républiques des Boers par les mêmes phénomènes de transformation qui se sont produits dans la colonie du Cap. Il est, en effet, intéressant de remarquer que dans la colonie du Cap

aussi bien que dans la république d'Orange, ce
fut l'élément conservateur des fermiers qui, autrefois, manifesta la plus vive opposition contre la
création du réseau de voies ferrées qui sillonne
aujourd'hui le plateau sud-africain. Aujourd'hui
que le réseau existe, cette opposition n'est plus
qu'un souvenir du passé. Qui ne voit que, par
les voies ferrées qui rapprochent désormais les
deux pays voisins, l'État libre a pris un nouveau
rang dans l'Afrique Australe ? Cet État enclavé,
qui n'avait point de ports, se trouve aujourd'hui
en quelque sorte prolongé jusqu'à la mer, et le
premier effet du nouvel état de choses a été
l'union douanière conclue entre l'État d'Orange
et le gouvernement du Cap. Antérieurement,
l'État d'Orange était, en matière douanière, sous
l'entière dépendance de ses voisins. Aujourd'hui,
il perçoit les trois quarts des droits prélevés
par la colonie du Cap, le quart restant revenant
à la colonie pour droit de transit. Cette convention est extrêmement avantageuse à l'État, et a
augmenté son revenu annuel d'une somme de
deux millions et demi de francs. On estime à
quatre millions de francs le bénéfice annuel que
lui rapportera le chemin de fer, grâce surtout
au rapide développement des mines d'or du
Transvaal qui ont donné un si grand élan au
commerce de l'Afrique Australe. Ces résultats
sont dus à l'esprit éclairé du président Reitz et
du président Brandt qui, par une habile politique,

ont su triompher des résistances d'un parlement de paysans qui ne sont point de leur temps.
Le président Brandt, qu'on appelle ici « le père
de la patrie », le Washington de l'État libre, a
sa statue de bronze qui vient d'être érigée devant le Parlement. Je suis arrivé un jour trop
tard pour assister à la cérémonie de l'inaugura-
tion de ce monument, d'un médiocre mérite artistique.

XIII

PRETORIA

Je n'ai pas mis moins de dix-sept heures à franchir, par le train spécial hebdomadaire, les 310 kilomètres qui séparent la capitale de l'État libre de celle du Transvaal. On part de Bloemfontein à sept heures du matin, on arrive à Pretoria à minuit et demi. Du matin au soir on traverse les plaines giboyeuses de l'État libre, qui, de l'une à l'autre frontière, se répètent avec une souveraine monotonie : la seule distraction est de voir les évolutions des troupes d'antilopes et de springbucks qui fuient à l'approche du train. Dans la soirée, on traverse le Vaal, rivière de peu de largeur et sans caractère spécial, qui sépare les deux républiques des Boers. L'une s'étend de l'Orange au Vaal, l'autre du Vaal au Limpopo : de là le nom de Transvaal, ou pays au delà du Vaal. De l'autre côté du pont a lieu la visite de la douane, car le Transvaal ne fait point partie, comme l'État libre, de l'union douanière.

A Elandsfontein on quitte le chemin de fer du

gouvernement du Cap, qui se dirige vers Johannesburg, et on monte dans le train de la compagnie du chemin de fer néerlandais — Nederlandsche Spoorweg Maatschappy. — Le train se compose d'une unique voiture, dont la lanterne résiste à toutes les tentatives d'allumage : au bout d'une heure on part avec, pour tout luminaire, une chandelle plantée sur une banquette. Pendant deux heures encore on file à toute vapeur sur la pente rapide qui descend du Rand, et on arrive enfin, avec une heure de retard, bien avant dans la nuit.

C'est une étrange sensation, à la descente du train, que de traverser en cab, par un froid de loup, les larges rues désertes et silencieuses d'une ville inconnue. Sous les clartés éhlouissantes de la lumière électrique, cette ville paraît démesurément grande, et sous les morsures d'une température sibérienne on a l'illusion d'entrer à Moscou. Mais quand le cab s'arrête devant une toute petite maison sans étage, avec un toit de chaume, les *rêves de ville russe s'évanouissent*. Nous sommes au *Transvaal Hôtel*, dont on m'a dit merveille. Je crois que mon cocher cafre se moque : c'est pourtant l'hôtel, le seul de la ville, et il est tellement comble qu'il faut partager ma chambre, comme à Bloemfontein, avec l'inévitable Boer aux ronflements de cyclope. Le rustaud, qui dégage une odeur repoussante, a accaparé un des deux lits pour dormir et l'autre

comme porte-manteau ; il a accaparé l'unique
cuvette, l'unique serviette, l'unique chaise. Dès
qu'il fait jour, je me hâte de fuir l'hôtel pour
aller me loger au club, où j'occupe une confortable petite chambre, grâce à l'aimable recom-
mandation de mon consul, M. Barveldt.

Délivré de ce souci, allons reconnaître la capitale de la république sud-africaine. Lorsque
j'y suis arrivé la nuit, par les trompeurs mira-
ges de la lumière électrique, je me suis extasié
devant la largeur de ses rues, et j'ai cru que j'a-
vais enfin découvert une ville dans cette Afrique
Australe où je n'avais vu encore que des villages ;
mais au grand jour, Pretoria m'est apparue sous
son véritable aspect : ce n'est ni une ville
ni un village ; c'est un immense jardin où sont
éparpillées, de loin en loin, des maisons, des
villas, des cottages : c'est le « rus in urbe »
d'Horace, la ville champêtre, telle que peut être
la capitale d'une république de paysans. Les rues
sont de vastes avenues, très droites, très larges,
très longues, bordées de grands arbres que l'hiver ne dépouille point de leurs feuilles, car ces
arbres, qu'on prendrait, à leur haute taille, pour
des peupliers, sont en réalité des eucalyptus. Les
avenues, tracées au cordeau, se coupent à angle
droit. Elles ont une ou deux lieues de longueur,
et elles se prolongent en chaussées dans la campagne. Pretoria s'éparpille donc sur un espace
invraisemblable : c'est la ville des distances ma-

gnifiques, faite par un peuple qui ne voyage qu'à cheval ou en char à bœufs. Aujourd'hui que les Anglais y ont introduit le cab, le cab circule à côté des chars à bœufs. Les Cafres seuls vont à pied. Ce sont eux qui donnent à cette ville africaine sa couleur pittoresque : on les rencontre dans toute leur simplicité native, à demi vêtus d'une grossière couverture de laine aux vives nuances, qui laisse à nu les bras et les jambes ornés d'anneaux de cuivre.

Cette ville immense est comme un désert. Elle pourrait contenir un demi-million d'habitants, elle n'en a pas dix mille. Sa maigre population ne la remplit point. Ses rues, bordées de larges ruisseaux qu'il faut constamment enjamber, ne sont point pavées, et les pluies les transforment en fleuves de boue. En dépit de la boue, qui est ici un cinquième élément, Pretoria offre un coup d'œil agréable qui n'appartient qu'à elle. Chaque maison est entourée d'un grand jardin, et les jardins occupent les trois quarts de l'étendue de la ville. Un jour peut-être les jardins disparaîtront pour faire place aux futurs alignements, mais alors Pretoria perdra son charme idyllique. Ce n'est partout que verdure, fleurs et ombrages au milieu desquels circulent mille eaux courantes. Parmi les ombrages dominent les eucalyptus et les saules pleureurs. Importés de Sainte-Hélène, les saules pleureurs sont ici aussi communs que les rosiers dont on fait les haies qui clôturent les jardins. Je n'ai vu nulle part une telle profusion de rosiers et de saules pleureurs. Pretoria peut s'enorgueillir d'être la ville la mieux éclairée du monde entier. La nuit, ses rues désertes et vides sont splendidement illuminées par des centaines de lampes à arc, et il n'est pas d'habitation qui n'ait son système de lampes incandescentes. Malgré ce luxe de lumière, on s'égare la nuit dans cet immense labyrinthe, où les passants sont si rares qu'on ne trouve personne à qui demander son chemin.

Cette ville a peu de monuments, mais elle a un joli nom qui plaît à l'oreille comme tous les noms qui sonnent à l'italienne. Ce nom lui vient d'un certain Pretorius, qu'il ne faut pas chercher, comme on pourrait le croire, dans l'histoire romaine, mais tout simplement dans les annales de la jeune république née d'hier. Ce Pretorius fut le premier président de la colonie des Boers, le Washington sud-africain. Il fut le chef de ces vaillants pionniers qui, lors du grand « treck », allèrent chercher au delà du Vaal une patrie libre et indépendante. Potchefstroom fut tout d'abord la capitale de la nouvelle république ; mais à Pretorius succéda un autre Pretorius, fils du premier, qui estima que le siége du gouvernement devait être transporté plus au cœur du pays : et il fonda la capitale actuelle, qu'il appela du nom de son père.

Située sous le vingt-cinquième degré de latitude sud, il semble que Pretoria doive jouir d'un climat semi-tropical ; mais une altitude de 1.400 mètres au-dessus de la mer tempère les effets du voisinage du tropique. Je ne sais ce que peut être Pretoria en été ; mais, au mois de juillet, au cœur de l'hiver, le climat m'y a paru aussi perfide que désagréable : en vingt-quatre heures, on y passe par toutes les alternatives de froid et de chaleur, et nulle part je n'ai éprouvé d'aussi soudains changements de température. A de glaciales matinées succèdent des journées brûlantes ; de midi à quatre heures, la chaleur augmente au point de devenir véritablement accablante ; puis, par une brusque transition, le coucher du soleil amène un refroidissement de douze à quinze degrés qui vous surprend au moment où vous êtes légèrement vêtu ; dès que les étoiles s'allument dans le ciel, le rayonnement nocturne provoque un nouvel abaissement de température, et une gelée d'hiver succède chaque nuit à une torride journée d'été. A trois heures de l'après-midi, on étouffe par vingt-cinq degrés au-dessus de zéro, à trois heures du matin on grelotte par cinq degrés sous zéro. Il faut la robuste constitution des Boers pour supporter un climat aussi variable. Ces brusques écarts de température provoquent des fluxions de poitrine qui amènent la mort en quelques heures. M. Barveldt me disait qu'il

a vu mourir cinq jeunes gens en une semaine.
En été, le climat a d'autres inconvénients : c'est
alors la saison des pluies et des fièvres, les orages
éclatent avec une violence inouïe, accompagnés
souvent de grêlons assez gros pour tuer un
bœuf : un cavalier surpris dans la campagne
par ces grêlons ne peut éviter la mort qu'en
se couvrant de la selle de son cheval. Les blancs,
qui ne voyagent qu'à cheval, ont toujours cette
ressource ; quant aux noirs, qui vont à pied,
leur crâne est assez dur pour résister à une
pluie de pierres.

Reprenons notre promenade à travers la ville.
Voici, tout au centre, la place du marché, qui est
si vaste que toute la ville y tiendrait à l'aise :
c'est une plaine carrée, ou plutôt une mer de
boue, où aboutissent les grandes artères, et qui
présente le matin l'aspect d'un immense campement, lorsqu'elle est encombrée de la foule des
campagnards venus dans leurs chars rouges cou-
verts de toile blanche et attelés de longues files
de bœufs. Au centre de la place s'élève, complètement isolée, la vieille église hollandaise réformée, construction très solide, très lourde, très
laide, qui date de la fondation de la ville, et qui
est en grande vénération chez les Boers. Le dimanche, ce temple est trop petit pour contenir la
foule des citadins et des campagnards, qui ont
conservé dans toute sa pureté la vieille foi des
Huguenots.

Autour de la place sont les offices publics, les maisons de banque, les principaux magasins, et enfin le palais du gouvernement, édifié depuis peu sur l'emplacement de la grange en chaume où siégeaient autrefois les pères conscrits. L'édifice actuel est un immense bâtiment carré à trois étages, percé d'innombrables fenêtres, et surmonté d'une coupole et d'un campanile que domine une statue de la Liberté. Au sommet de l'édifice flotte le drapeau de la patrie, aux couleurs hollandaises traversées d'une raie verte. Ce capitole, érigé par l'orgueil national des Boers, n'a pas coûté moins de trois millions et demi, et ce qui surprend le plus c'est de le voir à Pretoria, dans une ville embryonnaire qui compte presque autant de rues que de maisons.

Dans ce palais aux cent portes et aux cent salles on a réuni, comme au palais de Mexico, le parlement et tous les départements ministériels : le président de la République y a ses bureaux à côté du secrétaire d'État, du Conseil exécutif, du trésorier-général, de l'auditeur général, de l'inspecteur des mines. C'est là aussi que siégent, sous le même toit que la législature, la cour suprême et la cour d'appel.

Ce qu'il ne faut pas manquer de voir, c'est le « Volksraad », qui se réunit tous les matins pour légiférer. Dès neuf heures, au signal de la cloche, les législateurs déposent leur pipe matinale, et vont occuper, de leur lourd pas de paysan

— traduction du mot « boer » — les vingt-quatre
siéges disposés dans la salle des séances, grande
salle carrée dont le plus bel ornement est le portrait du chef de l'État, en grand uniforme, la poitrine constellée de beaucoup de décorations et
ornée du grand ruban vert qui symbolise le pouvoir présidentiel. Les pères conscrits s'asseoient
devant des tables à tapis vert sur lesquelles sont ali-
gnés d'immenses vases de cristal : à voir la facilité
avec laquelle ils absorbent des litres d'eau fraîche,
on peut juger de la capacité de leur estomac. La
séance est déjà commencée quand, par la grande
porte qui s'ouvre au fond de la salle, apparaît
un corpulent personnage que son large ruban
vert désignerait suffisamment si l'on ne reconnais-
sait tout de suite l'homme dont le portrait pend au
mur. C'est le premier citoyen de l'État, c'est Paul
Kruger, ou plutôt c'est « Oom Paul », l'oncle
Paul, comme ses concitoyens l'appellent fami-
lièrement. Quand il paraît, tous se lèvent, depuis
le président jusqu'au greffier, et il salue l'assemblée d'une voix sonore, par le bonjour des Boers,
« goeden morgen ! » On dirait d'une Majesté paraissant solennellement devant les représentants
de la nation. Mais c'est une Majesté rustique, et
cette rusticité apparaît jusque dans la coupe de
sa trop large redingote noire et dans la gaucherie
avec laquelle il porte son gros ruban vert aux
dimensions épiques. La tribune où il prend place
ressemble à un trône royal, surmontée d'un bal-

daquin dont les draperies aux couleurs nationales encadrent les armes de la République. A côté est une tribune plus modeste, où siége, en toge noire et en rabat, le président du Volksraad, qui est, après l'oncle Paul, le premier bourgeois du pays. Au pied de la tribune de l'oncle Paul siége, à une petite table, un *homme d'un air martial*, aux petits yeux décidés, à la barbe large et épaisse : c'est le héros dont les Boers sont fiers, c'est le commandant-général Joubert, le populaire et vaillant capitaine qui vainquit les Anglais à Amajuba Hill. Il jette un coup d'œil d'envie sur le fauteuil où trône son rival, dont il fut le compétiteur aux dernières élections présidentielles.

Le Volksraad de Pretoria a une physionomie aussi tranquille que celle du Volksraad de Bloemfontein. Ce sont des Boers de même race paisible, de même langue, de même religion, mais des Boers plus purs de tout contact avec l'étranger. Ils parlent la langue hollandaise du vieux temps, et ils semblent descendus des vieux tableaux ; à voir leurs saines figures, on comprend que *les hardis émigrants* dont ils descendent ont pu coloniser l'Afrique Australe. Ils ont, dans leur façon de parler ou d'écouter, je ne sais quoi de rude et de sauvage qui tient du pionnier ou du pasteur : c'est par des interjections gutturales ou de pesants battements de pied qu'ils manifestent leur assentiment ou leur désapprobation. Impossible de comprendre leurs discours, tant leur prononciation s'éloigne de celle des Hollandais. Pendant toute la durée de la session parlementaire, ils reçoivent soixante-quinze francs par jour. La femme de l'un d'eux se plaignit un jour que son mari ne touchât pas plus que les autres, alors qu'il parlait plus que ne faisaient tous les membres du Volksraad. Ses collègues estiment qu'on devrait lui voter une somme double pour l'engager à parler moins.

On ne peut aller à Pretoria sans présenter ses devoirs à l'oncle Paul. Le président Reitz m'avait remis une lettre d'introduction pour le docteur Leyds, secrétaire d'État, qui a bien voulu me procurer audience. J'ai été reçu par le grand homme avec une solennité grotesque, bien différente de l'aimable simplicité de son voisin Reitz. Après une très longue antichambre, j'ai été introduit dans la grande salle du palais destinée aux réceptions officielles du président. L'oncle Paul, à qui m'a présenté le docteur Leyds, trônait sur un fauteuil surmonté des armes de la République ; sur sa vaste poitrine s'étalait, très large, très obsédant, l'inévitable ruban vert toujours attaché à sa personne. Au-dessus du fauteuil, un grand portrait en pleine lumière représentait le personnage dans tout l'éclat de son uniforme officiel rehaussé du ruban vert et d'une éblouissante collection de décorations. Par un effet de cette mise en scène, mon admiration était partagée entre le portrait et l'original. Ce que j'admirais le plus, c'était la vigueur de ce vieillard approchant de soixante-dix ans, d'une puissante carrure, d'une superbe santé, d'une prodigieuse force physique qu'il doit, dit-on, à son régime carnivore. On m'a assuré qu'à l'exclusion de tout aliment végétal il mange ses deux livres de viande à ses trois repas, une somme de six livres de viande par jour. Sa capacité, sous ce rapport, dépasse celle de tous les chefs d'État. Le nez gros et charnu, la lèvre large et épaisse, la barbe taillée à la mode des marins, l'œil petit et malicieux, l'ensemble de la physionomie réalise le type du Boer dans toute sa rudesse et son énergie native.

Les grands de la terre ne m'ont jamais intimidé ; mais j'avoue que devant la redoutable majesté de l'oncle Paul j'ai perdu contenance. Le shah de Perse lui-même n'est pas plus majestueux que le roi des Boers. Car l'oncle Paul est le roi des Boers, et en sa qualité de roi il touche deux cent mille francs de liste civile, il fait frapper des monnaies à son effigie, dans ses voyages en Europe il a vu plusieurs souverains, il a reçu beaucoup de décorations, et il est surtout fier d'avoir dîné avec l'empereur d'Allemagne et avec le prince de Bismark. Mais, quoiqu'il ait fréquenté les cours, il s'est peu dégrossi. Fils d'un brave fermier hollandais originaire de la

colonie du Cap, avec qui il émigra et traversa
le Vaal en 1839, à l'âge de treize ans, lors du
grand *trek*, il n'a reçu d'autre éducation que
celle un peu rustique que son père lui a inculquée.
On m'avait bien prévenu à cet égard, mais mon
attente a été dépassée. A mon entrée l est resté
immobile sur son fauteuil, et son seul mot de bien-
venue a été « goeden morgen » (bonjour!). Comme
il affectait de ne parler que le hollandais, je me
suis borné à lui dire des choses banales que lui
a traduites le Dr Leyds. Je lui ai débité mon
boniment debout, car il avait oublié de m'offrir
une chaise. Je lui ai vanté les splendeurs de sa
capitale, mais sans obtenir autre chose qu'un
sourire de satisfaction. Et je n'ai même pu le
faire sortir de sa majesté lorsque j'ai fait allusion
à l'héroïsme des Boers dans leur guerre d'indépendance. L'oncle Paul, que j'avais pensé élec-
triser par le glorieux souvenir d'Amajuba Hill,
ne m'a pas encore invité à m'asseoir... Je me
serais retiré content s'il m'avait présenté la tasse
de café et la pipe qu'il a l'habitude d'offrir à ses
visiteurs, réalisant ainsi de petites économies
sur l'indemnité spéciale qui lui est allouée pour
frais de représentation, indépendamment de sa
plantureuse liste civile, dont il ne dépense pas le
quart. Mais je n'ai vu paraître ni la pipe ni le
café. Possible que la pipe et le café ne soient
qu'une légende inventée par les mêmes mau-
vaises langues qui m'ont assuré qu'il n'a réussi

que par la corruption électorale à se faire élire
pour un troisième terme contre son populaire
compétiteur le général Joubert.

Rendons toutefois à Paul Kruger cette justice
que s'il ne possède point les avantages de l'é-
ducation telle que nous l'entendons, les circonstances l'ont élevé à la hauteur d'un véritable
homme de gouvernement. C'est un enfant du
sol, un grand patriote, un homme sévère de
mœurs et de religion, dont la physionomie austère rappelle celle de ces anciens covenantaires
écossais qui s'en allaient portant la bible dans
une main et l'épée dans l'autre. Il fait partie de
la secte des Doppers, correspondant chez les
Hollandais aux puritains, et affectant, comme
eux, des principes particuliers non seulement
dans les choses du culte, mais aussi dans la
manière de vivre, de s'habiller, de se nourrir.
Lors de l'occupation du Transvaal par les troupes britanniques, il fit deux voyages en Angleterre pour tenter d'obtenir le retrait de l'acte
d'annexion; ce fut lui qui mena la guerre des
Boers avec une indomptable énergie et qui ensuite
négocia la paix avec l'habileté d'un fin diplo-
mate. Il possède à un rare degré ces deux qualités si précieuses pour un homme d'État : le bon
sens et l'intégrité.

Goeden morgen ! Ces deux mots me tintaient
dans l'oreille tandis que je sortais de cette
audience d'un président de république ; et ces

deux mots, je ne les ai entendus nulle part qu'au Volksraad et chez le président. Dans cette capitale du pays des Boers, la langue des Boers est bien la langue officielle, mais non la langue courante : à l'hôtel, au club, à la poste, dans les magasins, dans les banques, chez les libraires, partout j'ai été frappé d'un phénomène très significatif : à Pretoria, la langue anglaise s'est substituée comme langue commune à la langue hollandaise. En sorte qu'on peut dire que la capitale du Transvaal n'a gardé de sa vieille physionomie hollandaise que son président et son parlement. Pretoria est trop près de Johannesburg, cette ville anglaise inopinément surgie en plein pays des Boers, pour ne pas subir les effets de ce voisinage. Evidemment, la ville est assise sur des fondations hollandaises, et la race batave ne le cède guère, pour la ténacité, à la race anglo-saxonne. Mais, à côté du vieux Transvaal, qui a son histoire passée, histoire non dépourvue d'originalité et de grandeur, il y a le nouveau Transvaal, dont l'histoire est à faire ; à côté du Transvaal pastoral représenté par les descendants des rudes pionniers qui colonisèrent l'Afrique Australe, il y a le Transvaal industriel créé par les modernes pionniers de la fin de ce siècle. Et de même que les eaux du Mississipi jaunissent au contact du Missouri, de même le Transvaal s'infiltre de l'afflux anglo-saxon, et n'est déjà plus, en fait, qu'un pays anglais sous un gouvernement hollandais. Les nouveaux venus se soucient peu d'un gouvernement de Boers : n'ayant d'autre but que d'exploiter les richesses minérales du pays, et d'obtenir des facilités de trafic, le reste leur importe peu ; ils ne s'intéressent qu'à leurs affaires individuelles, et non aux affaires intérieures de la République sud-africaine. Mais il est évident que ce n'est là qu'une situation transitoire, et que le jour viendra où il s'opérera ou bien une fusion entre le Transvaal des temps passés et le Transvaal des temps nouveaux, ou bien une absorption de l'élément pastoral par l'élément industriel. La fusion ou l'absorption se feront suivant qu'il y aura ou communauté d'intérêts ou antagonisme entre les deux éléments. L'avenir résoudra le problème.

J'ai parcouru, en voiture, les environs de Pretoria avec M. Barveldt, qui m'a fait voir la promenade favorite des résidents : une vallée s'ouvrant à une lieue de la ville, où une jolie rivière serpente au milieu d'une végétation africaine assez touffue. Mais j'avoue que j'aime mieux nos riants paysages européens : sur le haut plateau du Transvaal le paysage a je ne sais quoi de sévère et de morose : nature peu aimable, fronçant le sourcil, à laquelle il est difficile de s'habituer. Même dans les environs immédiats de la capitale, les routes sont odieuses, et bonnes au plus pour des chars à bœufs : une promenade en voiture y est agrémentée de cahots insupportables. Au passage à gué de la rivière, nous avons eu, naturellement, une collision avec une carriole conduite par des femmes cafres ; heureusement, l'accident s'est borné à une lanterne emportée et aux cris des femmes.

Çà et là, dans les environs de Pretoria, on aperçoit la ferme d'un Boer, où l'on trouve toujours un accueil aussi simple qu'hospitalier, l'accueil rustique du paysan, puisque « paysan » est la traduction du mot. L'offre de la traditionnelle tasse de café est dans les mœurs du Boer comme dans celles de l'Islandais ; mais le café du Boer n'a point, tant s'en faut, l'exquise saveur du café que j'ai tant de fois savouré dans l'humble demeure de l'Islandais. La ferme du Boer a, d'un bout à l'autre du Transvaal, un aspect invariable, aussi bien dans les environs de la capitale que dans les parties les plus reculées du pays. Par suite de la rareté du bois, le Boer construit son habitation en argile et la couvre de chaume : les fenêtres, basses, étroites, ne laissent pénétrer que peu de lumière, et ainsi la température se maintient fraîche dans l'intérieur. Autour de la maison blanche, basse, sans étage, assez semblable à celle des fermiers de la Campine, s'étendent des terres labourées, avec un verger et un potager, et quelques travaux d'irrigation. Une ferme au Transvaal contient généralement un millier d'hectares, ni plus ni moins ; une ferme qui n'aurait que la moitié ou le quart de cette étendue serait considérée comme une demi ou un quart de ferme. Aussi les Boers ne jouissent-ils point des avantages du voisinage et de la vie sociale ; et c'est à cette cause qu'il faut attribuer leur proverbiale rusticité ; ils vivent aussi isolés que les *bonds* de l'Islande, ils ne connaissent point l'assistance mutuelle, leur ferme est leur petit monde qui suffit à leur existence heureuse et calme.

Rien de plus simple que l'intérieur de l'habitation du Boer. La terre battue sert de plancher, les murs ne sont ni peints ni tapissés. Quant au mobilier, il se compose principalement de deux tables massives et de quelques bancs en sapins. Bien que le Boer soit d'origine hollandaise, on chercherait vainement chez lui la propreté hollandaise : on conçoit d'ailleurs que la propreté ne peut guère régner dans des demeures où le sol égalisé sert de parquet : il en résulte une poussière inévitable qui s'attache aux meubles de l'habitation, aux vêtements des habitants, et même aux ustensiles de ménage et à la vaisselle. Chez le Boer il ne faut pas regarder la vaisselle de trop près. Un colon m'a raconté qu'un jour, surpris par un orage, il alla demander l'hospitalité chez un Boer dont la femme lui servit du café dans le vase dont son enfant venait de se servir pour un tout autre usage.

Calviniste rigide, le Boer est profondément imbu de principes religieux et moraux : la bible constitue toute sa bibliothèque, et il la lit tous les jours en famille ; il se marie de bonne heure, et il n'est pas rare qu'il atteigne la postérité de Jacob. Le veuvage lui est aussi pénible que le célibat, et la facilité avec laquelle il convole plusieurs fois s'explique par le fait de l'isolement où il vit. Il déteste l'Anglais, qu'il considère comme un envahisseur, et il méprise le Hollandais, qu'il regarde comme un intrus. Les dehors du Boer sont ceux qu'on peut attendre de ces rustiques ermites vivant loin de la civilisation. Rien n'est moins réjouissant que leur hospitalité grave et solennelle, qu'ils vous font payer par un long interrogatoire, toujours le même : ils veulent savoir si vous êtes marié, combien de frères et sœurs, combien d'oncles et de neveux, d'où vous venez, où vous allez. Braves gens ! Je n'en ai jamais rencontré un seul qui eût la moindre notion de mon pays. Le plus triste aveu que je pouvais leur faire était de leur dire que le ciel ne m'a donné qu'un enfant. Comme ils me prenaient alors en pitié !

Il faut dire que les Boers valent mieux, comme nation et comme individus, que ce que les ont dépeints les Anglais, qui en ont fait des sauvages et des bandits cruels, dignes d'être mis au ban des nations civilisées. S'ils ont tué sans pitié les Anglais lors de la guerre qu'ils ont soutenue contre eux, c'est qu'après tout ils défendaient leur pays contre l'envahisseur : c'étaient de purs patriotes. Mais ils ont montré par deux fois qu'ils ont l'âme noble et magnanime. En 1879, quand les Anglais faisaient la guerre aux Zoulous, il eût été facile aux Boers de s'allier avec les indigènes ou tout au moins de profiter de la circonstance pour prendre les armes et chasser les Anglais du Transvaal. Ils n'en firent rien pourtant. Plus tard, quand ils furent en guerre ouverte avec les Anglais, ils ne commirent pas un seul acte de spoliation, ils ne profanèrent pas une seule demeure, alors que des milliers d'Anglais étaient à leur merci. Pretoria, la capitale du Transvaal, fut entièrement évacuée, à la suite de l'ordre donné aux habitants par le commissaire britannique, de prendre leur résidence dans la forteresse, comme un peuple assiégé. Les Boers auraient pu brûler ou piller les demeures de leurs ennemis, mais pas une seule violence ne fut commise. La modération qu'ils déployèrent pendant toute la durée de la campagne, s'abstenant de tout excès et de toute illégalité, est vraiment sans exemple dans l'histoire des guerres entre nations. En sorte qu'on ne sait ce qu'il faut le plus admirer, ou du courage héroïque avec lequel cette poignée de braves défendit sa patrie contre une puissante armée, ou de la générosité chevaleresque dont ils firent preuve après la victoire.

XIV

UN NOUVEL ELDORADO

Enfin, voici une ville ! Depuis Cape-Town j'ai franchi quatre cents lieues sans rencontrer une ville, car on ne peut donner ce nom ni à Pretoria, ni à Bloemfontein, ni même à Kimberley, la Golconde en fer blanc. Mais Johannesburg est une véritable ville, qui ferait bonne figure dans n'importe quelle contrée civilisée, et dont la physionomie rappelle assez bien celle des jeunes cités américaines : elle n'est ni plus belle ni plus laide, et je me garderais de l'admirer au point de vue de l'esthétique pure, mais elle a de vastes squares et de larges rues très géométriquement alignées, de somptueux édifices, des boulevards, des cabs, des tramways, elle est éclairée au gaz, elle est pourvue de toutes les exigences de la civilisation. Et quand on songe que sa naissance ne remonte pas au delà de celle d'un bébé, on ne trouve pas d'expressions pour admirer un tel prodige.

Quel contraste avec la paisible capitale du Transvaal, ensevelie dans le silence et la paix des saules pleureurs ! Quelle vie intense ! Quelle agitation ! Quelle population affairée et enfiévrée ! Une population cosmopolite, qui s'accroît chaque jour de nouveaux arrivants : à Elandsfontein, station située à la jonction des lignes de Pretoria et de Cape-Town, j'ai vu le train envahi par une foule énorme : c'est un véritable « *rush* » vers le nouvel El Dorado. Aux approches de la ville de l'or, l'œil rencontre une forêt de cheminées d'usine, et l'on pourrait se croire aux environs de Pittsburgh. A la descente du train, un immense cortége de plusieurs centaines de cabs est la première scène qui s'offre à ma vue : ils vont tous au pas d'enterrement, car il s'agit, en effet, d'un enterrement, et comme le défunt était un des membres les plus en vue du club, toute la ville suit sa dépouille. Il a succombé à l'épidémie de variole qui depuis quelques semaines fait rage parmi les blancs et les noirs.

Puisque tous les cabs ont été réquisitionnés pour la circonstance, je prends d'assaut une rustique carriole, et me voilà courant à travers un énorme nuage de suffocante poussière rouge que soulèvent les innombrables véhicules, les chevaux, les chars à bœufs et la foule des piétons : c'est une circulation vertigineuse, telle que je n'en ai vu que dans le Broadway de New-York ou dans la State-Street de Chicago. Tout le monde court, les omnibus et les tram-

JOHANNESBURG

LES CHARS A BŒUFS SUR LA PLACE DU MARCHÉ

ways sont bondés, les voitures se croisent en tous sens, les cavaliers fendent la foule au galop; seuls les chars à bœufs vont à pas lent : image du vieux Transvaal offrant un saisissant contraste avec le Transvaal nouveau.

Cette ville de Johannesburg, qui doit son nom à Johannes Rissik, l'ingénieur hollandais qui en a tracé les plans, a été créée de toutes pièces avant l'établissement du chemin de fer qui ne la dessert que depuis quelques mois : tout y a été transporté par les chars à bœufs, depuis les matériaux de construction jusqu'aux chaudières et aux machines à vapeur destinées à l'exploitation des mines. On ne la trouve que sur les cartes les plus récentes, car en 1887 il n'y avait pas une seule maison sur la vaste étendue qu'elle couvre. Aujourd'hui, avec ses cinquante mille âmes, elle est déjà la métropole du Sud-Afrique, elle a éclipsé Cape-Town et Durban, et l'on peut prédire que dans cinq ans elle aura deux cent mille âmes : ce sera la Chicago de l'Afrique, une Chicago où la race blanche fera souche, car une altitude de 1.700 mètres lui procure, en dépit du voisinage du tropique, un climat vivifiant et sain.

C'est ici qu'on peut voir pousser une ville : on ne voit que maçons, charpentiers et tailleurs de pierres, que briques et matériaux ; partout les édifices sortent de terre comme par enchantement : ici ce sera une église, ailleurs, un hôtel de ville, plus loin un palais de la bourse. Et cette ville en formation offre cet aspect bizarre que, de même que de beaux équipages coudoient de rustiques chars à bœufs, de même de somptueux hôtels d'une grand hauteur voisinent avec de vulgaires cabanes sans étage. Les rues, que Johannes Rissik a tirées au cordeau, ont la régularité rigide des villes pennsylvaniennes. La place du marché, au centre de la ville, est d'une grandeur fantastique. Toutes les constructions sont en briques rouges, et ceux qui aiment le rouge doivent être contents ici : il y a du rouge non seulement pour l'œil, mais aussi pour la bouche et les narines, car une impalpable poussière rouge, soulevée par le vent, vous enveloppe constamment, vous oppresse et vous irrite le gosier. Quand les rues seront pavées, quand les environs de la ville seront plantés d'eucalyptus, la poussière disparaîtra ; mais les rues ne sont point pavées encore, les arbres sont rares, et l'ophthalmie, conséquence de la poussière, afflige une grande partie de la population.

Telle qu'elle est, cette ville de Johannesburg est un des plus intéressants spectacles contemporains. On a vu naguère surgir un chemin de fer transcaspien dans les sables des déserts asiatiques ; ici c'est une cité qui a surgi sur un plateau désert, comme une création de la lampe d'Aladin. Il a fallu à Kimberley plusieurs années pour qu'une ville prît la place d'un groupe de

lentes et de huttes ; ici la transition a eu lieu à
vue d'œil, et là où hier encore le pionnier cam-
pait dans son char à bœufs, on trouve maintenant des hôtels, de vrais hôtels à plusieurs
étages, pouvant rivaliser avec les hôtels européens. Jamais campement de mineurs n'a passé
par une aussi rapide métamorphose. Johannesburg n'avait pas encore une année d'existence
que, déjà, ses fondateurs prédisaient qu'elle
deviendrait en peu de temps la plus grande ville
du Sud-Afrique : il n'a pas fallu cinq ans pour
que la prédiction se réalisât ; elle a conquis
immédiatement le rang de capitale du nouveau
Transvaal, et n'a laissé à Pretoria que le titre de
capitale du vieux Transvaal. Dans la *Commissioner Street*, qui est la principale artère de la
ville, les terrains ont été vendus par le gouvernement à des prix fantastiques : il y a là toute
une suite d'édifices construits ou en construction, la bourse, les maisons de banque, les
bureaux des compagnies minières, les magasins
fournis de tous les articles européens, les
théâtres, la poste, le club, la synagogue, dont
la richesse architecturale atteste qu'il y a ici
beaucoup de fils d'Israël, comme à Kimberley,
comme dans toutes les Golcondes et tous les
Eldorados.

Telle est cette ville dont je n'avais jamais entendu parler avant de m'embarquer pour l'Afrique
et dont le nom m'a sans cesse poursuivi depuis

que j'ai mis le pied sur le navire qui m'a porté
au Cap : sitôt débarqués, les trois quarts des passagers prirent le train de Johannesburg : il y avait
parmi eux des ingénieurs, des mineurs, et aussi
des médecins, des avocats, des spéculateurs, et
même de grands seigneurs, de nobles lords ayant
perdu leur fortune au jeu et nourrissant le beau
projet d'en conquérir une nouvelle dans la « *gol-
den city* », la ville d'or.

Si vous n'avez jamais entendu parler de mines
d'or, venez à Johannesburg : vos oreilles en seront remplies du matin au soir. Cette ville est
fondée sur l'or comme Kimberley est fondée sur
les diamants. Là-bas revient toujours le mot
« *bleu* », ici c'est le mot « *banket* » qui vous ob-
sède. Le sol d'or sur lequel est bâtie Johannesburg s'appelle le « *Witwatersrand* » (la Rangée
de l'Eau Blanche), ou simplement le « *Rand* ».
On désigne sous ce nom la ligne de partage
des eaux des deux grandes rivières qui forment
les limites du Transvaal, le Limpopo au nord, le
Vaal au sud, et dont la direction est à peu près
de l'est à l'ouest. Entre les grès et les quartzites
se trouvent des couches de conglomérats qu'on
désigne dans le pays sous le nom que leur ont
donné les Boers, *banket*, à cause de leur ressemblance avec un rocher d'amandes : c'est une
sorte de gâteau dont les amandes sont des cailloux. Amandes et gâteaux sont mélangés d'une
certaine quantité ,d'or, et il faut laisser aux

géologues le soin de rechercher à quelle époque
et par quel mystérieux procédé ce mélange s'est
fait. Ce qui apparaît plus clairement, c'est que
les conglomérats sont un dépôt sédimentaire qui
s'est formé un jour avec d'autres dépôts successifs, au fond d'une mer ou d'un lac intérieur :
sur le lit marin ou lacustre s'accumulèrent des
dépôts alternatifs de cailloux et de sable ; puis,
sous l'action des forces souterraines, le lit fut
soulevé et bouleversé, de telle façon que les
couches, au lieu d'être, comme elles l'étaient
primitivement, superposées les uns aux autres,
présentent actuellement une série de tranches
verticales juxtaposées. Le *banket* diffère sous plusieurs rapports des quartz aurifères de l'Australie et de la Californie : la masse des conglomérats est beaucoup plus considérable, et une plus
grande régularité règne dans la distribution de
l'or et dans la direction des gisements. En Australie, l'or est plus inégalement réparti, le même
gisement contenant des parties très riches à
côté de parties très pauvres ; ici, le *banket* est
une masse homogène, dont l'exploitation est à la
fois plus sûre et plus facile. Aussi le Rand est-il
assailli par des milliers de mineurs accourus de
l'Australie et de la Californie.

C'est en 1885 qu'un certain Harry Struben découvrit le *banket* aurifère. Il fit part de sa découverte au gouvernement du Transvaal, et une loi
fut promulguée en 1886, qui érigea le Witwaters-

rand en district minier. Après Harry Struben, qui aujourd'hui vit dans l'opulence à Cape-Town, les mineurs accoururent, campèrent dans leurs chars à bœufs, sous des tentes, dans des huttes, et c'est sur l'emplacement de ce campement que s'élève actuellement le plus brillant Eldorado que le monde ait vu. Mais les plus brillants Eldorados ont leurs vicissitudes et leurs revers. Les premières fouilles absorbèrent beaucoup de travail et de capital; à une spéculation effrénée succéda, en 1889-91, une inévitable réaction. Beaucoup de gens perdirent tout leur pécule à creuser le sol sans trouver une veine rémunératrice. Des compagnies se constituèrent avec de gros capitaux, dont la part du lion échut aux vendeurs et aux promoteurs, tandis que celle qui restait affectée à l'exploitation ne tardait pas à être absorbée. L'outillage était dans l'enfance, et dans cette période du début les tâtonnements engendraient les doutes. Les uns prédisaient l'épuisement prochain de ce qu'ils considéraient comme un simple dépôt superficiel; d'autres opinaient que le *banket* se métamorphosait et cessait d'être aurifère dans les couches inférieures ; puis, quand on atteignit les roches dures, on craignit que le coût de l'extraction n'absorbât tous les profits. Mais bientôt on fora des puits profonds, on introduisit les machines perfectionnées, l'exploitation passa aux mains d'hommes compétents, connaissant les méthodes économiques pour le traitement du minerai, et l'on acquit alors la certitude que les dépôts aurifères du Rand sont d'une richesse incalculable. Suivant la croyance générale qui s'appuie sur les meilleures autorités, l'or gît dans les couches souterraines du Rand en telles quantités, que le siècle futur pourra s'y alimenter. Le Dr Schultz qui, dès 1848, travaillait dans les placers de la Californie, me disait que l'histoire des mines d'or n'offre point d'exemple d'une pareille richesse : on a vu des dépôts aurifères plus abondants que ceux du Rand, mais nulle part on n'a vu des dépôts d'une telle étendue et d'une telle régularité. Le rendement moyen du «*main reef*» est de six pennyweitz par tonne, tandis qu'en Californie il n'est que de quatre pennyweitz; en maints endroits, le *reef* donne même jusqu'à seize pennyweitz. Le conglomérat est en général très tendre, ce qui facilite beaucoup le travail d'extraction opéré par les Cafres, dont la main d'œuvre est à vil prix. Le Dr Schultz m'a prédit, avec une assurance toute américaine, que le Rand produira dans quelques années, lorsqu'il sera complètement outillé, autant d'or que le monde entier, étant donné que la production annuelle du globe est de vingt-six millions de livres sterling (six cent cinquante millions de francs).

Pour que cette prédiction vienne à se réaliser, il suffira que le chiffre de la production con-

tinue à progresser dans l'avenir dans les mêmes
conditions que par le passé. En 1888, dans les
premiers mois de l'exploitation, le rendement
progressait de 7.000 à 26.000 onces d'or par mois ;
pendant les trois années suivantes, les chiffres
s'élevaient successivement à 39.000, à 50.000
et à 80.000 onces ; l'année dernière, la production mensuelle dépassait 100.000 onces ; et ce
fut une fête mémorable dans la ville d'or quand
M. Lionel Philipps, président de la chambre des
mines, annonça ce résultat à la foule assemblée
devant les « Eckstein Buildings », dont la façade était pavoisée de drapeaux de toutes les
couleurs, et quand il proclama que la production
totale des cinq premières années s'élevait à
2.429.694 onces d'or, représentant une somme
de huit millions et demi de livres sterling ou
deux cent et douze millions de francs.

Actuellement, les différentes compagnies qui
opèrent sur le Rand, avec quatre mille travailleurs blancs et environ trente-cinq mille indigènes,
produisent par an cinq millions deux cent mille
livres sterling, soit le cinquième de la production
totale du globe. En 1892, les compagnies ont
payé 812.864 livres sterling de dividendes. Or,
il ne faut pas perdre de vue que la plupart des
mines n'atteignent pas à la moitié du chiffre de
production auquel elles peuvent légitimement prétendre : beaucoup opèrent avec un outillage in-
suffisant, et quelques-unes même, qui ne produi-

sent rien actuellement, ne travaillent qu'en vue
des résultats futurs. L'achèvement récent du chemin de fer qui relie le Rand au cap de Bonne-
Espérance, l'achèvement prochain des lignes
qui aboutiront à Port-Natal et à Delagoa-Bay,
l'abaissement des prix de transport, qui facilitera
l'usage des machines, l'emploi de meilleurs procédés d'exploitation, l'application des méthodes
les plus nouvelles pour le traitement du minerai, voilà autant de facteurs qui concourront à
l'accroissement de la production de l'or dans ce
bassin du Rand. Ce n'est que depuis peu de
temps qu'on a inauguré le traitement chimique
du minerai par le cyanite de potassium et par la
chlorination : à l'aide de ce procédé aussi simple
qu'ingénieux, on récupère une notable partie de
l'or que l'on perdait autrefois. Le transport par
chemin de fer rendra possible l'exploitation des
veines qu'on avait regardées jusqu'à présent
comme n'étant pas assez rémunératrices, et si
les faits confirment toutes les prévisions fondées
sur une période qui n'est que celle du début, le
bassin du Rand deviendra un des plus fameux
lieux de production dont fassent mention les
annales des mines d'or.

Voilà ce que j'ai entendu dire ici, non par de
simples aventuriers, mais par des hommes
réfléchis et bien posés, auxquels m'a adressé le
gouverneur général de la colonie du Cap, par
M. J.-B. Taylor, un des capitalistes anglais qui

ont acheté la mine Robinson, par l'ingénieur américain Dr Schultz, qui a passé sa vie dans les mines d'or de Californie, et qui dirige aujourd'hui les travaux de la mine Robinson. J'ai écouté leurs pronostics, tout en pensant aux déceptions, aux ruines que tant de gens ont trouvées ici comme dans d'autres Eldorados. Il y a toujours les dégoûts à côté des enthousiasmes, et si l'on admet l'axiome que la vérité se trouve entre deux exagérations, il faut bien reconnaître qu'il y a une part de vérité à accepter dans tout ce que l'on dit sur le bassin du Rand.

Pour ma part, j'ai visité consciencieusement avec le Dr Schultz la mine Robinson qui est, de toutes celles qui sont exploitées dans le Rand, la mieux organisée, la mieux outillée, la mieux pourvue de capitaux ; j'ai vu les machines à air comprimé, venues en droite ligne de Chicago, qu'on utilise pour la perforation du Reef ; j'ai goûté les émotions d'une descente dans une cage d'ascenseur qui, en moins de deux minutes, m'a déposé à quatre cents pieds sous terre, au fond du puits où aboutissent les excavations creusées par les perforateurs mécaniques ; j'ai suivi jusqu'au bout une galerie pratiquée dans le « main reef » ; j'ai touché du doigt le *banket*, et j'en ai rapporté de superbes spécimens où l'on peut discerner, avec un peu de bonne volonté, l'éclat incertain des paillettes d'or ; j'ai vu les Cafres fouiller la roche aurifère avec le pic, la sueur perlant sur leurs noirs corps nus ; remonté à la lumière du jour, j'ai visité les usines où s'opère le traitement du minerai, tâchant de comprendre les explications techniques de mon savant cicerone ; j'ai vu les batteries armées d'énormes pilons, qui, sous l'action motrice de la vapeur, tombent et retombent sur le conglomérat qu'ils pulvérisent avec un bruit assourdissant, chaque batterie de cinq pilons mangeant en vingt-quatre heures deux tonnes et demie de minerai ; j'ai vu, sous les batteries, couler sur des plaques de cuivre des nappes d'eau chargées d'or ; j'ai vu, dans un vaste laboratoire, s'opérer la mystérieuse action chimique du cyanite de potassium, et l'or se déposer sous forme de poudre noire sur les bords de petits réservoirs où nagent des herbages de zinc simulant une végétation aquatique ; j'ai visité enfin les ateliers de chlorination, où le minerai, brûlé dans les fournaises, passe ensuite par une série de manipulations dont il sort sous forme de chlorite d'or. Et enfin, après avoir vu toutes ces merveilles de l'industrie et de la chimie, j'ai vu une merveille d'un autre genre, la ravissante maison de campagne de M. Taylor où j'ai déjeuné, avec le Dr Schultz, des produits de sa chasse, dans une luxueuse et confortable villa anglaise dont Mme Taylor, une femme aussi jolie que spirituelle, faisait les honneurs avec une grâce charmante, nous cueillant dans son jardin les plus belles fleurs d'Europe qui s'épanouissent ici au cœur de l'hiver.

Eh bien ! après avoir tout vu et tout entendu, je sais exactement ce que je savais avant. d'avoir vu et entendu, ou plutôt je ne sais rien : car, malgré l'intérêt que j'ai pris à tout cela, je ne me sens les aptitudes ni d'un mineur ni d'un spéculateur, et si jamais je découvre une mine d'or dans mon jardin, j'en serai aussi marri que les Boers, que la découverte de l'Eldorado a plongés dans la consternation.

A première vue, il peut paraître étrange que les Boers soient seuls à ne point se réjouir des mines d'or du Transvaal. Mais songez de quel œil jaloux ils doivent suivre les progrès étonnants du nouveau Transvaal, eux qui ont créé le vieux Transvaal ! Les fermiers, dont la richesse n'est point l'or et l'argent, mais le blé et le bétail, n'appréhendent rien tant que la découverte sur leurs terres de gisements aurifères, et la déconvenue que leur causent de semblables découvertes pourrait fournir le thème d'une amusante comédie. Autrefois, ils pouvaient, en pareil cas, revendre leur ferme à beaux deniers et s'établir dans une autre région : habitués à émigrer, il leur coûtait peu de parcourir des centaines de lieues à la recherche d'autres pâturages. Mais le Transvaal, qui, naguère, n'avait pas de limites, est devenu à son tour une enclave, tout comme l'État libre d'Orange, et à mesure que la République se peuplera, le *trek* y deviendra de plus en plus difficile. Où donc les Boers que l'or maudit expulsera de leurs domaines pourront-ils chercher des domaines nouveaux ? De quelque côté qu'ils regardent l'horizon, ils ne trouvent plus d'issue. Quand ils quittèrent la colonie du Cap pour s'affranchir de la domination anglaise, ils trouvèrent entre les rives du Vaal et du Limpopo d'immenses espaces inoccupés. Puis, quand ces espaces se peuplèrent, ils s'habituèrent à l'idée qu'ils pourraient un jour franchir le Limpopo au delà duquel ils trouveraient d'autres territoires vacants. Mais aujourd'hui c'en est fait de ces rêves d'expansion : l'Angleterre a imposé au président du Transvaal une convention par laquelle il s'interdit à jamais toute expansion au delà du Limpopo. Enfermés dans leurs frontières trop étroites, les Boers devront se faire sédentaires, de nomades qu'ils étaient.

Les Boers soutinrent, il y a dix ans, une guerre héroïque contre les Anglais qui avaient pris possession de leur pays d'une façon un peu sommaire, et une poignée de fermiers, soutenus par la passion de l'indépendance, extermina à Amajuba Hill tout un régiment anglais. Mais voici que Harry Struben découvre les gisements aurifères du Rand. Et à ce nom magique de l'or, les Anglais que l'humiliante défaite d'Amajuba

avait chassés du Transvaal volé aux Boers, reprennent la route du Transvaal rendu aux Boers,
ils y affluent en masse, ils y fondent Johannesburg, une ville anglaise en pays hollandais, et
cette ville, qui se gouverne elle-même, devient
tout de suite la plus grande ville de l'Afrique du
Sud, si bien qu'avant peu le Transvaal comptera
plus d'Anglais que la colonie du Cap. Et les Boers,
qui naguère caressaient le rêve de chasser les
Anglais de leurs anciens domaines et de régner à
leur place du cap de Bonne-Espérance au Zambèse, les Boers, qui considéraient le Transvaal
comme leur inexpugnable citadelle, voient aujourd'hui cette citadelle envahie non plus par des
soldats, mais par des légions de mineurs, d'ingénieurs, de spéculateurs, accourus non avec des
armes, mais avec leurs capitaux et leur énergie.

Et devant cette invasion plus irrésistible que
celle des régiments, que peuvent faire les Boers,
sinon envisager en face le nouvel état de choses,
accepter l'inévitable, et sacrifier l'idéal à la réalité? Non seulement ils n'ont pu empêcher la
ville de Johannesburg de s'octroyer des institutions municipales indépendantes du gouvernement de la république, ils ont dû accorder encore aux nouveaux venus une modification de la
constitution du pays.

Jusque dans ces dernières années, la législation du Transvaal, tout comme celle de l'État
libre, se composait d'une chambre unique; mais

récemment, une deuxième chambre a été instituée pour répondre aux vœux de la population minière qui réclamait certains priviléges politiques. Cette seconde chambre a dans ses attributions tout ce qui concerne les mines, et en outre les travaux publics, les postes et télégraphes, les brevets d'invention, les compagnies industrielles. Cette réforme constitutionnelle, qui semble à première vue de peu d'importance, est en réalité pour les Anglais une conquête qui leur assurera la domination du Transvaal mieux que l'annexion éphémère qu'ils firent de ce pays en 1877.

Pour saisir toute la portée de la réforme, il faut voir dans cette seconde chambre un corps qui représente l'élément anglo-saxon, avec son activité, son initiative et ses capitaux. Dès 1890, les nouveaux venus élevèrent la prétention qu'ils devaient être représentés au Volksraad. Mais on comprend que le Volksraad, composé de Boers très obstinés dans leurs vieilles idées, n'était pas d'humeur à laisser envahir le parlement par les représentants d'un élément étranger ; après bien des tiraillements, on aboutit à une transaction : il fut admis que les nouveaux venus auraient une nouvelle chambre, une chambre à leur seul usage, où ils seraient seuls représentés, et qui constituerait comme une sorte de comité central appelé à régir l'industrie minière, à laquelle la population de cette république pastorale était restée jusque-là volontairement étrangère. Cette seconde chambre notifie ses résolutions à la première, qui leur donne ou refuse sa sanction. Elle n'est donc pas un pouvoir, puisqu'elle ne peut que proposer des résolutions sans leur donner force de loi. Mais elle représente les nouveaux venus, elle parle au nom de cet élément grandissant de la population qu'excite l'esprit d'entreprise, et si ses pouvoirs sont limités, rien ne peut limiter les effets de son caractère représentatif, qui lui permet d'élever toutes les revendications. Les conditions d'éligibilité à la seconde chambre en rendent l'accès facile aux nouveaux venus. Tandis qu'on exige pour la première chambre quinze années de bourgeoisie, ce qui implique vingt années de résidence, outre les conditions d'âge, de cens et de religion, il suffit, pour être éligible à la seconde chambre, d'appartenir à la religion protestante et de justifier d'une résidence de cinq années. Autrefois le Volksraad unique comptait quarante et un membres; depuis 1890 les deux chambres comptent chacune vingt-quatre membres. Le Volksraad s'est dédoublé : la première chambre gouverne, diminuée de la moitié de ses membres, tandis que l'autre moitié fonctionne comme conseil des mines et de l'industrie. Le but de cette réforme transitoire a été tout à la fois de donner satisfaction aux hommes nouveaux et de préparer les anciens à l'ère des innovations qui semblent

devoir bouleverser un pays qui naguère n'était
peuplé que de fermiers, et où aujourd'hui les
villes sortent de terre.

La concession peut paraître anodine, mais qui
ne voit qu'elle n'est qu'un premier pas vers d'autres concessions qui achèveront la conquête pa-
cifique du Transvaal ? Etrange ironie du sort !
Les Boers, victorieux sur le champ de bataille,
se voient menacés d'être vaincus sur les champs
d'or. Dédaigné par M. Gladstone, leur territoire,
qu'on croyait pauvre, leur est restitué ; mais du
jour où ce territoire se révèle comme un Eldorado, cet Eldorado sert, dans les mains des Anglais, à forger une chaîne d'or dont chaque anneau remet en question l'indépendance du Transvaal proclamée par l'armistice de 1881. Quand
les Boers repoussaient si vaillamment les baïon-
nettes anglaises, ils ne prévoyaient pas les pics
des mineurs.

Il n'y a qu'une seule éventualité qui puisse
modifier le cours des choses et arrêter l'invasion
du Transvaal par les bras et les capitaux anglais :
c'est que le bassin du Rand s'épuise ou cesse
de rémunérer le capital, ou encore qu'un autre
Eldorado provoque un autre exode au delà des
frontières du Transvaal. Quelle nouvelle surprise
du sort, si cette ville de Johannesburg, après
quelques années d'existence éphémère, parta-
geait la destinée de tant de villes minières et ve-
naità se vider en un mois au profit des districts auri-

fères récemment signalés dans les immenses territoires du Mashonaland et du Matabéléland, domaines d'une compagnie à charte royale créée à l'instar de l'ancienne compagnie des Indes par l'énergique initiative de M. Rhodes! Rien ne pourrait arriver de plus heureux pour les Boers qu'un exode des Anglais vers ces contrées vierges du Zambèse, où l'on dit qu'il y a de vastes dépôts d'alluvion beaucoup plus riches que le bassin du Rand. Que les Anglais aillent au Zambèse, et le Transvaal restera aux Boers.

XV

EN DILIGENCE

J'avais hâte de quitter l'hiver des hauts plateaux. L'état de ma santé réclamait un climat plus doux et plus égal, des nuits moins glaciales succédant à des jours moins brûlants. Après les horizons gris et monotones du Karou, dont je commençais à me lasser, j'aspirais à contempler les horizons verts et variés du riant Natal.

Mais comment gagner ce jardin de l'Afrique Australe ! J'aurais pu, en cinquante-deux heures, retourner à Cape-Town et y prendre le prochain paquebot pour Port-Natal, en touchant à Port-Elisabeth et à East London. Mais à ce long et fastidieux détour j'ai préféré les rudes chemins directs du paradis africain. Ce n'est pas chose aussi aisée, en effet, de franchir en poste les soixante lieues qui séparent Johannesburg et la frontière du Natal que d'aller en train spécial à Cape-Town. Le chemin de fer qui réunira dans un avenir prochain Port-Natal à Pretoria s'arrête actuellement à Charlestown, sur la frontière du Transvaal, à cause de l'opiniâtre résistance de

M. Kruger et de son Volksraad ; et quoique la colonie du Natal touche au Transvaal, elle est en réalité plus éloignée que la colonie du Cap, par suite de la difficulté des communications entre Charlestown et Johannesburg.

J'avais pu jusqu'ici franchir l'Afrique Australe à la vapeur ; maintenant mon choix se trouvait limité entre la diligence et le char à bœufs, le classique moyen de transport de l'Afrique du Sud. Le char à bœufs m'eût séduit en toute autre saison ; mais comme c'est précisément la région la plus froide du Transvaal qu'il me fallait traverser, et que l'usage est de faire voyager les bœufs pendant la nuit, comme d'ailleurs j'avais hâte de gagner un climat plus chaud, je renonçai à ce mode de transport avec lequel j'aurais pu franchir, au plus, dix lieues par jour. Je me décidai donc à goûter les émotions d'un voyage en diligence, quoiqu'il faille être doué d'une constitution de fer pour user de ce rapide moyen de locomotion.

La diligence part de Johannesburg tous les jours à quatre heures du matin, et comme elle est toujours pleine, j'ai retenu, deux jours à l'avance, à l'agence Bonamicis, une place que j'ai payée cent et vingt-cinq francs. J'ai payé en outre vingt-cinq francs pour excédent de bagage, chaque voyageur n'ayant droit qu'à quarante livres. Et comme je prévoyais que j'aurais à souffrir du froid, j'ai acheté, dans un magasin de la

Commissioner Street, une chaude fourrure complémentaire, un cache-nez et des gants en laine.

La veille du départ, je m'étais couché de bonne heure, car il fallait être debout à trois heures du matin. Je dormais du sommeil du juste, quand, à une heure, je fus réveillé par des cris de sauvages qui montaient de la rue, et qui évidemment sortaient de gosiers indigènes. A ma grande exaspération, le vacarme ne fit que croître : les lueurs rougeâtres qui illuminaient ma chambre me donnaient à croire qu'il s'agissait de quelque fête nocturne aux flambeaux célébrée sous ma fenêtre par les Cafres. Et je maudissais la police d'une ville où l'on ne respecte pas mieux le sommeil des voyageurs qui doivent être debout avant l'aube. Mais quand je vis les lueurs briller d'un éclat plus sinistre, je sautai de mon lit et ouvris ma fenêtre. Ciel ! un incendie ! Deux maisons attenantes à l'hôtel étaient en feu, et l'hôtel était menacé de brûler à son tour. Comme j'étais logé à l'étage le plus élevé, je jugeai la position dangereuse : m'habiller et empoigner ma valise fut l'affaire d'un instant, car le gros de mon bagage avait été expédié la veille au bureau des diligences. Et je me trouvai bientôt dans la rue, par un froid de loup, en dépit des flammes qui montaient jusqu'au ciel du sein du foyer ardent. Une foule énorme suivait les progrès de l'incendie, et la question que chacun se posait était celle de savoir si l'hôtel North-Western, le plus bel hôtel de Johannesburg, échapperait aux flammes. Je dus quitter les lieux sans avoir pu élucider le problème, car l'heure du départ était venue.

Il est quatre heures du matin, et il gèle ferme. J'arrive à pied, par les rues noires, à l'office Bonamicis. La diligence, dont les formes solides et massives se profilent vaguement dans la nuit, est attelée de ses dix mules, et les douze voyageurs inscrits répondent à l'appel de leurs noms. Grelottant de froid, je m'enquiers de mon *kaross*, la précieuse peau de mouton que j'ai envoyée la veille au bureau; j'ai beau le réclamer à grands cris, le *kaross* ne se retrouve pas : on ne le trouvera qu'au bout du voyage, car on l'a tout simplement emballé avec mes autres bagages sur le toit de la voiture. De quel œil d'envie je considère mes compagnons de voyage, qui tous ont leur *kaross* dans lequel ils s'enveloppent bien chaudement ! N'y pensons plus, et songeons, pour nous consoler, que nous serons bientôt sous le ciel béni où s'épanouissent le palmier et le bananier. Déjà le conducteur trône majestueusement sur son siége élevé, chacun se case comme il peut dans la voiture où il fait noir comme dans un four, la trompette du postillon jette dans la nuit sa note claire et gaie, le coche se met en branle au galop des dix mules, nous sommes partis, et chaque tour de roue nous rapproche de la terre promise du Natal.

Quelle joie dans le signal du départ ! Quel âpre

plaisir de se sentir emporté vers l'inconnu dans la classique diligence de nos pères ! Les mules courent à fond de train sur la route poudreuse mal éclairée par les lanternes, et ce vertigineux galop dans la nuit a quelque chose de fantastique qui me rappelle les romanesques odyssées en diligence que j'eus au Mexique il y a dix ans. Ce lointain souvenir devient comme une saisissante réalité quand, à six heures du matin, le jour qui commence à poindre me laisse entrevoir l'aspect de la voiture. Eh quoi ! J'ai peine à en croire mes yeux : je reconnais mon inoubliable diligence mexicaine, le même vieux coche type Louis XV, suspendu sur les mêmes ressorts de cuir, les seuls qui puissent résister à des chemins impossibles ; les mêmes banquettes, au nombre de trois, dont celle du milieu a pour dossier une bande de cuir mobile ; le même plafond garni d'un réseau de cordes auquel on suspend les menus bagages ; les mêmes fenêtres garnies de tentures déchirées et de vitres brisées; enfin, et ceci explique l'énigme, la même marque de fabrique. La diligence du Transvaal est importée des États-Unis tout comme celle du Mexique : c'est la voiture classique des Américains, connue sous le nom de « Concord coach », la seule qui, par sa construction spéciale, puisse, sans se réduire en miettes, franchir au galop des mules les routes absurdes et les mille casse-cou de l'Amérique et de l'Afrique. Les grandes roues, qui n'ont pas moins de deux mètres de diamètre, sont très écartées, pour diminuer les chances de verser. Quand on verse, ce qui est dans les éventualités prévues, on rattrape le temps perdu en courant toute la nuit sans s'arrêter. La poste, ici comme au Mexique, ne répond pas des catastrophes qui peuvent tuer ou blesser les voyageurs : elle répond bien du départ, mais non de l'arrivée.

Ce n'est qu'au lever du jour que je puis enfin reconnaître mes compagnons de route. Et ici, l'analogie avec le Mexique cesse : autant mes compagnons mexicains étaient liants et communicatifs, autant ceux-ci sont roides, guindés, muets : affaire de race ! Parmi eux je retrouve un des deux missionnaires anglais avec qui j'ai fait route en wagon-lit : il se rend aux missions du Swasiland, armé de son immense bible, et confortablement muni d'un attirail compliqué de manteaux, de couvertures et de fourrures. Le type le plus curieux est un vieux petit Hindou qui s'en retourne à Bombay, après avoir fait ici sa petite fortune : une face de singe, fortement bronzée, avec des lèvres lippues et quelques poils grisonnants au menton ; quand il enlève sa cape brodée d'or et d'argent, il découvre un crâne chauve ; ce pauvre Parsi est traité par tout le monde en souffre-douleur : s'il ferme la fenêtre, on lui enjoint de l'ouvrir ; s'il l'ouvre, on lui commande de la fermer.

Tout le long de la route sont échelonnés des relais où d'heure en heure on change de mules. Comme on compte une vingtaine de relais de Johannesburg à Charlestown, il ne faut pas moins de deux cents mules pour effectuer ce voyage de soixante lieues. On ne s'arrête au relais que quelques minutes, le temps de dételer et de réatteler, ce que les Cafres font avec une célérité extraordinaire : pour empêcher les mules de se sauver, ils leur mettent des entraves aux pieds. Le relais est généralement situé en plein désert, et se compose d'un bâtiment unique, l'écurie, faite de cette odieuse tôle sinueuse dont la vue vous poursuit dans toute l'Afrique Australe. Les Cafres attachés au service du relais logent dans de pittoresques paillottes, de forme circulaire, authentiques demeures africaines.

Les routes du Transvaal ne valent guère mieux que celles du Mexique : de simples ornières creusées par le passage des chars à bœufs à travers la plaine. Un de mes compagnons me faisait admirer la largeur de la route, en un endroit où il n'y en avait d'autre trace que les empreintes des bœufs et les sillons des chariots ; la réflexion m'a fait sourire : la route, en effet, est fort large, aussi large que celle que suivrait un navire sur l'océan ; elle n'a d'autre direction que le caprice du conducteur, et elle dévie de quelques kilomètres d'un jour à l'autre. On franchit à gué les rivières et les marais, car les ponts n'existent généralement qu'à l'état de projet. On s'imagine ce que doivent être de telles routes en été, dans la saison des pluies : elles dégénèrent alors en bourbiers où les mules pataugent jusqu'aux genoux et où le coche s'engage jusqu'aux essieux ; il arrive souvent qu'on se trouve arrêté pendant des jours et des semaines devant une rivière grossie par les pluies. Heureusement, nous sommes en hiver, et nous roulons sur un sol ferme et durci par les gelées et le soleil ; mais cet avantage est compensé par les cahots qui vous font sauter comme un pois sur un tambour, vous projettent le crâne contre le plafond de la voiture, ou vous envoient dans les bras d'un voisin ou sur les genoux d'une voisine. Au bout de quelques heures, vous êtes éreinté, moulu, courbaturé. Et imaginez ce que dix mules peuvent soulever de poussière ! Ce ne sont point de simples nuages de poussière, mais de vraies cascades, des fleuves, des trombes fondant sur la pauvre voiture qui, de glacière qu'elle était à l'aube, est devenue fournaise à midi. Telles sont les beautés d'un voyage en diligence au Transvaal : à part les aventures de brigands qui ajoutent une couleur spéciale au tableau, l'analogie avec mes impressions mexicaines est frappante.

Je ne sais si j'étais le jouet d'une illusion, mais j'aurais juré que j'avais retrouvé le Mexique dans le village de Heidelberg, où l'on s'arrête au troisième relais : avec sa grande place carrée, commandée par le clocher de l'église, avec ses blanches maisons basses, sans étage, avec ses plantations d'eucalyptus, cette localité m'a absolument rappelé les villages du plateau de l'Anahuac, et je me suis cru positivement dans une posada mexicaine lorsque, à l'auberge tenue par un Boer, on nous a servi, avec du mouton, une espèce d'arachides que les Boers, tout comme les Mexicains, élèvent à la hauteur d'un plat national : la chose est la même, le nom seul diffère ; chez les Indiens du Mexique cela s'appelle *frijoles*, chez les Boers, *harde boontjes*, ce qui se traduit par « fèves dures » (*Arachis hypogaea*).

Heidelberg, fondée par un colon allemand originaire des bords du Neckar, est la seule bourgade qu'on rencontre entre Johannesburg et la frontière du Natal. Quoiqu'elle ne compte pas plus de trois ou quatre cents âmes, elle est la capitale d'une province aussi vaste que la Belgique, et cette province ne compte pas d'autre village. La localité a pourtant un certain air de prospérité et possède quelques *winkels*, ou boutiques bien achalandées.

Tenir boutique est un bon moyen de faire fortune au Transvaal. Le storekeeper vend au détail, au double, ou au triple de leur valeur, des marchandises de qualité inférieure, et à ce métier il s'enrichit très rapidement en spéculant sur la crédulité et l'ignorance des Boers qui lui échangent leurs produits. Inutile de dire que ce sont presque toujours des juifs qui tiennent boutique.

Au delà de Heidelberg on traverse les hauts plateaux déserts du Transvaal. Pendant tout le jour se déroulent à perte de vue de vastes plaines ondulées, sans un arbre et presque sans un seul enclos. Contrée monotone et inculte, contrée pastorale où d'immenses troupeaux de moutons paissent sur l'herbe jaunie par les gelées. On n'aperçoit pas la moindre culture dans ce pays qui pourrait être le grenier de l'Afrique : c'est au plus si, de loin en loin, on distingue un morceau de terre arable destinée à produire du fourrage pour les bestiaux. L'incident le plus fréquent est la rencontre des longs attelages de bœufs, marchant à l'allure d'un bon piéton, et transportant à Johannesburg les produits du Natal et les machines pour l'exploitation de l'or. J'ai vu ces bœufs tirer à vingt une immense chaudière ! Parfois aussi on aperçoit, à quelque distance de la route, la blanche ferme d'un Boer reconnaissable au petit groupe d'arbres qui l'entourent, généralement des saules pleureurs : et ce coin de verdure apparaît comme une petite oasis dans l'immensité du désert.

Il fait nuit depuis longtemps quand nous arrivons, après quinze heures de voyage, à Standerston, où l'on accorde aux voyageurs rompus quelques heures de sommeil. Nous sommes au onzième relais, à cent cinquante kilomètres de Johannesburg, à quatre-vingt-dix kilomètres de Charlestown. Si noire que soit la nuit, nous trouvons bien vite le chemin de la salle à manger, à la porte de laquelle est posté un Boer gigantesque qui crie à tue-tête : « Dinner ! dinner ! » Le Boer se fait payer d'avance six shellings pour le dîner et la chambre, et comme la diligence de Charlestown et celle de Johannesburg se rencontrent ici à la même heure, notre homme fait d'excellentes affaires, puisque ses vingt-quatre petites recettes multipliées par les jours de l'année s'élèvent à la jolie somme de 66.000 francs. Une douzaine de chambres à deux lits sont distribuées autour de la cour de l'hôtellerie, et dès neuf heures tout le monde dort deux à deux, car il faut se remettre en route à trois heures et demie du matin.

Le lendemain, le café pris, on repart à l'heure dite. A demi éveillé, je me trompe de voiture. Au moment du départ, une allumette qu'un voisin fait flamber à propos me convainc de mon erreur par la vue de visages nouveaux. Sans ce providentiel voisin, je retournais à Johannesburg ! Pendant les premières étapes il fait horriblement froid, et à chaque relais on est heureux de pouvoir courir à toutes jambes pour se dégeler les pieds : c'est que nous avons atteint la plus haute altitude du plateau, dont le faîte s'élève à plus de deux mille mètres au-dessus du niveau de la mer. L'air, à ces hauteurs, est d'une extraordinaire limpidité, et dans la nuit radieuse la Croix du Sud resplendit de son plus vif éclat. Vers six heures, le jour succède à la nuit aussi brusquement que la nuit a succédé au jour, et bientôt apparaissent, illuminées par les feux dorés du soleil levant, les cimes lointaines de la chaîne du Drakensberg ou Monts du Dragon, qui marquent la frontière du Natal : découpées en tables et en trapèzes, ces hautes montagnes paraissent des collines, en raison même de la grande altitude du plateau qu'elles dominent.

La deuxième journée de voyage diffère peu de la première : ce sont toujours les mêmes plaines ondulées, sans arbres, sans culture et sans verdure, car l'herbe est flétrie par les gelées d'hiver. Notre seule diversion est d'apercevoir les troupes d'antilopes qui abondent dans cette contrée giboyeuse. Les plus communes sont la grande antilope connue sous le nom de *blesbok*, et la gracieuse petite antilope *springbok*, la gazelle de l'Afrique Australe, ainsi nommée parce qu'elle saute si haut qu'elle vole plutôt qu'elle ne court. L'antilope *blesbok*, plus grande et d'un pelage plus brun, sauf la tête qui est blanche, a un galop soutenu et peut défier le plus rapide coursier. L'Afrique Australe ne compte pas moins d'une trentaine d'espèces d'antilopes, depuis le gigantesque élan, haut de six pieds, jusqu'au *bluebuck*, dont la taille est celle d'un lapin. Parfois aussi on peut voir dans ces parages les fantastiques évolutions des troupes de zèbres et de gnous ; mais sur les routes fréquentées par les diligences ces farouches animaux ont presque disparu. Le lion, autrefois très commun dans l'Afrique Australe, s'est retiré au delà du Limpopo.

Vers le milieu du jour on arrive devant la montagne historique d'Amajuba, et on franchit la ligne de poteaux de bois qui marque la frontière du Transvaal. Bientôt après nous sommes à Charlestown, le premier village du Natal, et la diligence nous dépose devant une gare de chemin de fer. Au lieu de prendre le train express qui se rendra à Durban en dix-sept heures, je me décide à passer une journée à Charlestown pour visiter le champ de bataille d'Amajuba, à quelques milles au sud du village.

XVI

LE MONT AMAJUBA

C'est ici le lieu de faire une petite page d'histoire. On se rappelle la façon sommaire dont l'Angleterre annexa le Transvaal en 1877. Le gouvernement de Pretoria, impuissant à vaincre les légions de Cettiwayo, qui menaçaient d'exterminer les Boers, était tombé dans une telle détresse que le président Burgers appela les Anglais à son aide. Et aussitôt les Anglais d'accourir, de secourir les Boers, et, ce qui était plus pratique, de déclarer leur pays territoire britannique. Grande indignation des Boers, dont le patriotisme s'alarme de voir la perfide Albion leur imposer son joug. Ils députent en Angleterre Paul Kruger et Joubert pour protester contre le procédé, mais lord Carnarvon leur déclare qu'il ne peut revenir sur un fait accompli. Entre temps, le général Wolseley inflige une défaite complète aux Zoulous que les Boers n'avaient pu réduire. Sa campagne terminée, il visite Pretoria et déclare aux Boers qu'ils ne doivent en aucune façon entretenir l'illusion d'une restauration de l'indépendance du Transvaal, qui restera sous la souveraineté britannique aussi longtemps que le soleil brillera et que les rivières couleront vers la mer.

Entre alors en scène M. Gladstone, qui opère un changement de tableau. Le leader de l'opposition, qui faisait alors sa grande campagne du Midlothian, proclame publiquement ses sympathies pour le Transvaal, dénonce l'annexion comme un acte arbitraire et comme un odieux abus de la force à l'égard d'un peuple libre, et ajoute à ces belles phrases cette imprudente déclaration que, s'il était au pouvoir, ce ne serait pas en vain que les Boers demanderaient la restauration de leur indépendance. M. Gladstone devient dès lors l'idole des Boers, dont le plus vif désir est le retour au pouvoir du leader, retour que les signes des temps indiquent comme prochain. Ils n'ont pas longtemps à attendre, mais ils n'attendent pas longtemps non plus pour voir s'évanouir en fumée les espérances qu'ils ont fondées sur des promesses solennelles. Kruger et Joubert adressent un mémoire au premier ministre et lui demandent l'exécution des engagements pris. Mais M. Gladstone chef du gouvernement n'est plus M. Gladstone chef de l'opposition, et les Boers l'apprennent à leurs dépens.

La ruine des espérances qu'ils ont placées dans l'homme versatile qui les a encouragés à la résistance ajoute à leur mécontentement l'amer sentiment d'avoir été dupés. Ils improvisent une assemblée nationale, proclament la république, et jurent de vaincre ou de *trekken*, c'est-à-dire, que s'ils ne peuvent chasser les Anglais, ils iront chercher une nouvelle patrie entre le Limpopo et le Zambèse. Kruger, Pretorius et Joubert composent un triumvirat, et Joubert envoie un corps de volontaires intercepter la marche d'un régiment anglais qui se dirige sur Pretoria. Le colonel qui commande le régiment, ignorant que les Boers ont pris les armes, est attaqué à l'improviste dans le défilé de Bronkers Spruit, où le régiment est anéanti par ces Boers qui sont les meilleurs tireurs du monde. D'autres défaites ternirent le drapeau britannique à Langs Neck, à Ingogo River. Toute la campagne ne fut qu'une suite de revers pour les Anglais, qui furent massacrés dans tous les engagements. La déroute d'Amajuba, où un général et l'élite des officiers perdirent la vie, acheva d'humilier la gloire militaire de l'Angleterre. Mais il appartenait à M. Gladstone de mettre le comble à cette humiliation.

Si, revenu au pouvoir, M. Gladstone avait tenu les promesses prises dans sa campagne du Midlothian, s'il avait rendu le Transvaal aux Boers, il eût fait preuve de loyauté et de magnanimité ; mais, après avoir refusé de remplir ses solennels engagements, il traita en révoltés ceux qu'il avait lui-même encouragés à la résistance, et il envoya contre eux une armée de douze mille hommes commandée par les meilleurs généraux de l'Angleterre. Cette armée débarqua à Port-Natal pour marcher sur le Transvaal; mais elle n'avait pas encore commencé ses opérations, qu'il y eut un nouveau changement de tableau : *M. Gladstone couronna sa politique de l'imprévu par la convention d'Amajuba, qui rendait le Transvaal aux Boers*, et dont la conséquence fut le rappel des troupes qui brûlaient d'effacer l'humiliant souvenir du désastre essuyé au lieu même où fut signée l'incroyable capitulation.

L'histoire a-t-elle jamais offert l'exemple d'une grande puissance jouant un rôle aussi piteux ! Et faut-il s'étonner que le nom de M. Gladstone soit honni de tous dans l'Afrique du Sud ! Honni des Anglais, honni des Boers, bien que ceux-ci n'aient qu'à se féliciter d'une attitude vacillante à laquelle ils durent leur salut, car, sans elle, le Transvaal, de l'aveu même des Boers, serait resté aux Anglais. Leurs idées religieuses leur firent voir dans tout cela l'intervention de la Providence. Une rétrocession opportune et honorable du Transvaal eût inspiré aux Boers des sentiments de respect et de gratitude pour ceux qui auraient accompli cet acte de justice; mais après l'ignominieuse capitulation d'Amajuba, signée sur le territoire anglais envahi par l'ennemi, au moment même où douze mille Anglais s'apprêtaient à venger l'honneur de leur drapeau, les

Boers n'eurent pas assez de sarcasmes pour les armes et le nom de l'Angleterre : leur attitude provocante força tous les Anglais qui s'étaient établis au Transvaal à quitter le pays, ruinés et humiliés. Dans les colonies anglaises voisines, il ne fallut rien moins que le bon sens des Hollandais pour éviter que l'antagonisme de races ne dégénérât en sanglants conflits. Toutes leurs sympathies étaient, naturellement, pour leurs frères du Transvaal, et la convention d'Amajuba les exalta autant qu'elle consterna les colons anglais. Heureusement, ils étaient Hollandais, et si ce peuple, paisible par nature, est capable d'accès d'enthousiasme, ces accès sont passagers : ils ne chantèrent pas trop longtemps le triomphe de leurs frères, et graduellement les éléments inflammables se calmèrent. Mais le pays n'en a pas moins conservé une empreinte qui n'est pas encore complètement effacée. Autrefois, les colonies sud-africaines semblaient n'être peuplées que d'une seule race; aujourd'hui, on parle sans cesse d'union, de confédération, de Sud-Afrique unie, mais tous ces mots ne servent que trop à mettre en évidence la diversité des éléments de la population.

Un colon né au Cap, avec qui j'ai fait route du Transvaal au Natal, m'a accompagné au champ de bataille d'Amajuba. Nous partons à cheval, et nous nous dirigeons vers une montagne jaune et pelée, dont la cime, de forme tabulaire, découpe sur le ciel une fantastique ligne horizontale. Cette montagne fait partie de la grande chaîne des monts Drakensberg, qui sépare le Transvaal et l'Orange du Natal. Sur ses flancs arides, sinistres d'aspect, pas un arbre ne croît, pas un filet d'eau ne coule. C'est là le mont Amajuba, qu'enveloppe une auréole funèbre, depuis le terrible désastre qu'éprouva ici l'orgueil national de l'Angleterre, le 27 février 1881. Dans la langue cafre, son nom, qui se prononce Amadjouba, signifie « la Montagne aux nuées de colombes ». Sa cime bizarre, coupée si net qu'elle semble avoir été décapitée, s'élève à 2.140 mètres au-dessus du niveau de la mer, et domine de 500 mètres la plaine environnante.

Nous abordons la montagne historique par le côté qui fait face au Transvaal, suivant autant que possible le chemin que suivirent les Boers en venant de leur camp qui était établi derrière les collines s'élevant à droite de la passe de Langs Nek, par où s'élève la grande route qui mène du Natal au Transvaal. Comment les Boers purent-ils monter à l'assaut par ce chemin, c'est ce que l'on a peine à comprendre. Le mont Amajuba domine de 600 mètres la passe de Langs Nek et de 300 mètres le mont Prospect, d'où les Anglais partirent pendant la nuit. La montagne présente, de ce côté, une suite de terrasses, et, pour s'élever de l'une à l'autre, il faut gravir des pentes très rapides, herbeuses, glissantes et couvertes de broussailles. Arrivés à la première terrasse, nous confions nos montures à la garde d'un Cafre, et nous poursuivons à pied la pénible ascension que les Boers purent faire à cheval jusqu'à la seconde, et même jusqu'à la troisième terrasse. Il nous a fallu une heure entière pour atteindre le sommet de la montagne, qui présente l'aspect d'un plateau légèrement concave, dont la plus grande longueur est d'environ 350 mètres. Au milieu du plateau s'élève un petit monceau de pierres marquant la place où tomba sir George Colley, gouverneur du Natal et commandant en chef des troupes anglaises. Sur une pierre on lit, grossièrement taillés, ces mots d'un troublant laconisme : « *Here Colley fell.* » Au milieu des sépultures, entourées d'un mur en pierres sèches, se dresse une croix de pierre sur laquelle sont gravés ces mots : « For Queen and country. Jesu ! mercy ! »

Après avoir traversé toute la largeur du plateau, nous dominons le côté opposé de la montagne, celui qui fait face au Natal, et par où montèrent les Anglais après la longue marche qu'ils avaient fournie depuis leur camp du mont Prospect. Si l'on a peine à comprendre comment les Boers purent gravir la montagne à cheval, en plein jour, on se demande avec stupéfaction comment les Anglais, chargés comme ils l'étaient, purent escalader à pied, pendant la nuit, ces rochers à

pic : la tentative paraît être au-dessus des forces
humaines ; et cependant, leurs sépultures attestent assez qu'ils atteignirent le plateau terminal.
Mais dans quel état d'épuisement ! On raconte
que le général Colley était si harassé qu'on eut
grand peine à le réveiller quand les Boers sur-
vinrent à l'improviste par le revers opposé de la
montagne. Au sud le plateau domine le mont
Prospect, qui commande le défilé de Langs Nek;
on aperçoit, au fond de la vallée, une maison
blanche : c'est la ferme d'O'Neil, où sir Evelin
Wood signa la convention d'Amajuba. Au nord,
la vue s'étend sur les plaines du Transvaal, que
les Boers franchirent dans leurs chars à bœufs
pour venir camper derrière les collines qui sur-
gissent au delà du défilé de Langs Nek. On
s'explique, à la vue des lieux, que du haut du
mont Amajuba les Anglais ne pouvaient distin-
guer l'emplacement du camp ennemi. Par contre,
dès que le jour parut, les Boers aperçurent les
habits rouges qui se mouvaient au sommet de la
montagne, et, supposant à tort que les Anglais
avaient de l'artillerie, ils se hâtèrent de mettre
leurs chariots hors de la portée du feu et les
dirigèrent vers leur camp. Ce ne fut que lorsqu'ils virent que les Anglais restaient inactifs
qu'ils se décidèrent à envoyer des éclaireurs sur
la montagne afin de s'assurer de l'état des choses.
Les éclaireurs furent bientôt suivis par une
nombreuse troupe d'assaillants, que les An-

glais n'étaient nullement préparés à recevoir.

Ce fut une des plus complètes déroutes que l'histoire militaire ait jamais enregistrée. Le malheureux général Colley tomba l'un des premiers sous le tir infaillible des Boers, et ce fut alors un sauf-qui-peut : les soldats se mirent à dégringoler en désordre sur les flancs à pic qu'ils avaient pu escalader en bon ordre, se culbutant les uns les autres, se brisant bras et jambes dans la précipitation de la fuite ; et les Boers, qui rampaient sur le revers oriental de la montagne, tiraient sur les fugitifs qu'ils prenaient en flanc. Sur quatre cents hommes, ils leur tuèrent un général, six officiers et quatre-vingt-dix soldats ; presque tous les survivants furent blessés et faits prisonniers ; du côté des Boers, les pertes se réduisirent à un seul mort et cinq blessés : aussi leur général, le brave Joubert, ne put-il s'empêcher d'attribuer son succès à la Providence. « Les troupes, écrivait-il dans son rapport, ont été héroïques, mais c'est Dieu qui nous a donné la victoire ! » Les Anglais, pour se laver de cet échec humiliant, prétendent que le général Colley devait avoir perdu la tête et que ses soldats avaient perdu toute confiance en leur chef qui, peu de jours avant, avait éprouvé deux autres défaites sanglantes à Langs Nek et à Ingogo River.

XVII

LE PARADIS DE L'AFRIQUE

Autrefois les chars à bœufs mettaient dix à quinze jours pour franchir les cinq cents kilomètres qui séparent Charlestown de Port-Natal. Actuellement, on parcourt cette distance en moins de vingt-quatre heures, sur un des plus beaux chemins de fer du monde, qui m'a rappelé, mais sur une échelle réduite, le célèbre chemin de fer de Mexico à Vera-Cruz.

Réunir le plateau de l'Afrique Australe à l'Océan Indien était une entreprise presque aussi hardie que de réunir le plateau de l'Anahuac au golfe du Mexique. De part et d'autre on franchit plusieurs climats, on descend en quelques heures des saines terres froides aux terres chaudes insalubres, et on voit, dans le même jour, le pin et le palmier, le chêne et la canne à sucre. Le chemin de fer natalien n'est, toutefois, qu'une gracieuse miniature du chemin de fer mexicain, un léger chemin de fer de montagnes, à voie étroite, construit à peu de frais, comme le réseau de la colonie du Cap, auquel il sera relié dans un avenir prochain. On a, autant que possible, évité les tunnels, les ponts, les remblais, les tranchées ; aussi, ce ne sont que méandres, courbes et festons, qui font ressembler la voie à un immense serpent déroulant ses anneaux sur les flancs des montagnes. Un des points les plus curieux du parcours est celui connu sous le nom de *Reversing Station*, où j'ai vu opérer la même manœuvre qu'à Souram, sur le chemin de fer transcaucasien : en cet endroit, la voie, au lieu de suivre une courbe en U ou en S, affecte la forme d'un Y : arrivée à la naissance d'une des deux branches de la voie, la machine est dételée, passe de l'avant à l'arrière, et le « renversement » du train s'opère sur l'autre branche, dont le hardi plan incliné vous mène en quelques minutes à mille pieds plus bas que la branche supérieure.

Pendant tout ce trajet, riche en émotions vives, il est bon, si l'on n'a les nerfs solides, de ne point plonger les yeux dans les abîmes que le train côtoie ou franchit à des hauteurs qui donnent le vertige : des abîmes vaporeux, violets, bleuâtres à force de profondeur. Quoique la machine s'avance avec une prudente lenteur, on ne peut se défendre de réflexions peu rassurantes. Mais, après tout, c'est une charmante sensation que de rouler en wagon au sortir d'un « Concord Coach ».

Ce que je ne saurais dire, c'est l'impression de

ravissement dont vous saisit l'admirable changement de décor qui s'opère au delà des monts.
Après les monotones et ternes horizons du plateau, une grandiose vision s'ouvre sur la terre
promise : du haut des gradins du Drakensberg,
on voit se dérouler une immense carte en relief,
on domine à vue d'aigle un océan de montagnes
et de vallées, une mosaïque d'une infinie variété,
coupée de forêts d'un vert sombre, de prairies
d'un vert pâle, de rivières miroitantes sur lesquelles l'œil s'égare à perte de vue, entrevoyant
vaguement, aux dernières limites de l'horizon,
le reflet des lueurs bleuâtres de l'océan Indien.
Cette contrée enchanteresse, qui se dévoile tout
entière dans une atmosphère d'une incomparable pureté, sous les flamboyantes clartés du
soleil du Midi, c'est le « fair Natal », l'Italie de
l'hémisphère austral, le paradis de l'Afrique.
Terre poétique et parfumée, dont la vue splendide m'a causé la même inoubliable émotion que
la première apparition de la Lombardie du haut
du Simplon.

Les Alpes sont ici les monts Drakensberg, et
elles grandissent à mesure qu'on en descend les
gradins. Du haut des plaines du Transvaal, ces
montagnes m'étaient apparues comme d'insi-
gnifiantes collines, en raison de la grande altitude du plateau ; mais, parvenu au pied du
versant opposé, qui s'incline vers les basses
régions du littoral, je pouvais mieux juger des

véritables proportions de la chaîne : elle m'apparaissait maintenant comme une formidable muraille à pic qui forme l'assise du soulèvement intérieur, le grand plateau central. Sur le bord de ce piédestal surgit, çà et là, un cône coupé, un trapèze, un bastion, dont les lignes ont toute la précision des ouvrages de fortification.

La grande cordillière de l'Afrique du Sud a un aspect étrange et bizarre, et quoiqu'il lui manque la splendide auréole neigeuse des plus hautes sommités de la terre, elle a sa beauté à part, et le lumineux ciel austral lui donne une magie et une coloration qui n'appartiennent qu'à elle ; vainement on y chercherait une ressemblance avec les chaînes montagneuses qui nous sont familières : on ne peut la comparer ni aux Alpes ni aux Pyrénées, ni même au massif de l'Atlas, ces Alpes de l'Afrique du Nord ; nulle part ailleurs je n'ai vu des montagnes de cette architecture, affectant des formes aussi régulières, aussi géométriques, et, pour les caractériser d'un mot, aussi stéréotypées, car toutes peuvent se rapporter au type classique de la fameuse montagne qui surgit à l'extrémité du continent africain, *Table Mountain*.

Cette chaîne du Dragon, le « Berg » des Boers, le *Kahlamba* des Cafres, n'est qu'un tronçon de la longue chaîne qui, sous des noms divers, court parallèlement à la côte d'Afrique, sur un parcours de plus de deux mille kilo-

mètres, depuis l'embouchure de la rivière
Orange jusqu'à la grande courbe du Limpopo,
en passant par le cap de Bonne-Espérance. Ses
plus hautes cimes, le pic Cathkin, le château du
Géant, le mont aux Sources, atteignent une altitude de onze à douze mille pieds.

La configuration du Natal m'a rappelé d'une
manière saisissante celle du Mexique. Le pays
s'élève depuis l'Océan jusqu'au Drakensberg par
une succession de terrasses formant comme les
marches d'un escalier gigantesque, et le Drakensberg constitue la base de la terrasse la plus
élevée, cette ancienne mer intérieure devenue,
par un énorme soulèvement, le plateau central.
En descendant de gradin en gradin, tout transi
encore des nuits glaciales du haut plateau, on
sent peu à peu succéder aux morsures du froid
les chaudes caresses d'un soleil méridional.
Bienveillante nature ! Comme tu resplendis à mes
yeux ! Un fluide vivifiant me pénètre à la vue de
cette terre fortunée, dont la splendide végétation fait un si frappant contraste avec l'aridité
du plateau. J'ai retrouvé les arbres touffus, la
verdure et les fleurs dont mes yeux étaient
depuis si longtemps privés, j'ai retrouvé l'été,
car sous ce ciel béni du Natal il n'y a point d'hiver, et l'on peut dire que l'été y est éternel, puisqu'en toute saison on peut y semer et récolter.
Ce que je ne puis me lasser d'admirer au milieu
de cette végétation qui m'annonce que j'ai changé

de climat, ce sont les nombreuses variétés d'a-
loès, aux grosses fleurs coniques d'une teinte
orange ou d'un poupre éclatant, et puis encore la
grosse fleur écarlate d'une liliacée connue sous le
nom de lys-feu. Puis, ce sont mille variétés de
fougères, d'euphorbiacées, de cactus arborescents qui donnent au paysage une physionomie
bien africaine.

Vers cinq heures du soir, un coucher de
soleil d'une indicible beauté me transporte vers
les sphères de l'idéal. Quand le disque, démesurément grossi, plonge derrière les hautes cimes
du Drakensberg, le Natal, à l'opposite, s'embrase
d'un vaste flamboiement rougeâtre; sur le ciel en
feu, à vingt lieues de distance, reparaît soudain,
se découpant en lignes fines et nettes, la silhouette du mont Amajuba, enveloppée de sa
funèbre auréole. Peu à peu les lueurs de l'incendie s'éteignent, et l'obscurité tombe rapidement, car sous cette latitude il n'y a qu'un fugitif
crépuscule ; mais il fait déjà nuit, que le ciel a
encore de magiques reflets d'un rouge intense,
tels que je n'en ai vu nulle part, pas même au
cap de Bonne-Espérance. Et voici que d'autres
illuminations brillent dans la nuit : de loin, on
dirait des mille lumières d'une ville perdue dans
le désert ; mais ce ne sont que les flammes qui
montent des herbes auxquelles les Cafres mettent le feu pour renouveler les pâtis : parfois
ces incendies s'étendent jusqu'au bord de la voie

ferrée et le train franchit les flammes à toute vapeur.

J'ai passé une nuit à Ladysmith, afin de ne rien perdre des admirables paysages que traverse le chemin de fer du Natal, et le lendemain j'ai repris le train du jour. Quoique (Ladysmith soit la troisième ville de la colonie, grâce à sa situation au point de jonction des routes commerciales du Transvaal et de l'Orange, je n'y ai trouvé qu'une misérable hôtellerie où, contre toute attente, je me suis réveillé transi. C'est que Ladysmith se trouve sur une des terrasses les plus élevées du Natal : à une altitude de mille mètres, il gèle la nuit tout comme de l'autre côté des monts. Et puis, ici comme dans toute l'Afrique Australe, les chambres d'hôtel s'ouvrent invariablement sur des cours dont l'air froid se glisse aisément sous la porte : on se couche par quinze degrés au-dessus de zéro, et on se réveille par cinq degrés sous zéro.

Aux environs de Ladysmith le paysage est charmant. La voie suit tous les méandres d'une rivière romantique qui rappelle les parties les plus pittoresques de la Semois ou de l'Amblève. A Colenso nous franchissons la Tugela, la plus grande rivière du Natal, qui prend naissance sur le revers oriental d'un des plus hauts pics du Drakensberg nommé par les missionnaires français le *Mont aux Sources*.

Cette région, située au cœur du Natal, fut

autrefois le théâtre des horribles massacres qui ensanglantèrent les débuts de la colonie. Chaque montagne, chaque rivière, chaque ruisseau porte un nom qui rappelle quelque scène de carnage. Le massacre qui eut lieu au *Moordspruit* (ruisseau du meurtre) est resté, en Afrique Australe, un aussi effroyable souvenir que le massacre de Cawnpore dans l'Inde anglaise : plus de six cents personnes y furent traîtreusement égorgées par les Zoulous sur l'ordre de leur grand chef le féroce Dingaan, et les Boers ne connurent le sort de leurs frères que par le récit d'un Hottentot, le seul survivant de l'odieux guet-apens. On m'a montré l'endroit précis où eut lieu cette trahison, dont les Boers, quelques mois après, tirèrent une éclatante vengeance dans un combat où périrent des milliers de Zoulous.

Aujourd'hui les Zoulous se servent du chemin de fer pour parcourir leurs anciens domaines. A chaque arrêt du train, on peut les voir, presque aussi peu vêtus qu'ils le sont dans leurs kraals, monter dans le wagon de troisième classe destiné aux indigènes et aux coolies. Ici, comme dans toutes les colonies anglaises, l'indigène est traité en nègre, en homme de race inférieure, et jamais je n'ai vu un Anglais voyager en troisième classe et se mêler à la population de couleur.

Longtemps avant d'atteindre Pieter-Maritzburg, j'ai aperçu la petite capitale du Natal couchée dans son nid de verdure. Les quinze

derniers kilomètres de la voie offrent une différence de niveau de cinq cents mètres, et le tracé
présente des courbes d'une hardiesse insensée :
accoudé à la fenêtre du wagon, on peut voir à
la fois la dernière courbe franchie et la courbe
prochaine. On éprouve une véritable impression
de soulagement quand, au bout de cette périlleuse
descente, le train vous dépose à la gare, d'où
un cab vous mène en quelques minutes à « Im-
perial Hotel ».

XVIII

PIETER-MARITZBURG

Pieter Retief de Paarl, un descendant des Huguenots de France, et Gert Maritz, un bourgeois de Graaf Reinet, étaient les chefs des Boers qui, lors du grand exode, émigrèrent au delà des monts du Dragon et fondèrent, en 1840, la république de Natalia. A l'imitation de Pierre-le-Grand, qui donna son nom à la capitale de l'empire moscovite, les deux chefs des Boers ont donné les leurs à la capitale du Natal. Il fallait cette explication pour comprendre un nom aussi compliqué.

Pieter-Maritzburg, ou plus brièvement Maritzburg, est le siége du gouvernement de la colonie du Natal, comme Cape-Town est le siége du gouvernement de la colonie du Cap. Mais Maritzburg est une ville intérieure, tandis que Cape-Town a l'inappréciable avantage d'être située au bord de la mer. Durban, le port de mer du Natal, éclipse la capitale par l'importance de son commerce et de sa population. Maritzburg est à Durban ce que Washington est à New-York.

Durban est le centre commercial de la colonie, Maritzburg en est le centre politique et militaire. Maritzburg a été préférée à Durban à cause de sa situation sur le plateau, qui lui procure un climat plus tempéré.

Je me rends immédiatement à l'hôtel du gouvernement, afin de présenter à sir Charles Mitchell, gouverneur de la colonie, la lettre que m'a remise pour lui le gouverneur du Cap. *Government House* est situé près de la gare, au pied des hauteurs que couronne la forteresse. La résidence est d'un aspect calme et champêtre. N'était le soldat de faction, on serait tenté de prendre cette habitation de modeste apparence pour un de ces paisibles presbytères de style gothique qu'on rencontre dans les campagnes de l'Angleterre. Un joli parc entoure la maison, parc anglais à livrée africaine, où l'arbre le plus en vue est un gigantesque euphorbe plus vieux que la colonie, véritable monstre végétal dont le grotesque branchage consiste en une forêt de candélabres rigides et immobiles.

J'apprends que Son Excellence a quitté hier même la colonie pour aller occuper son nouveau poste de gouverneur des Settlements, à Singapore; on attend l'arrivée prochaine de son successeur, sir W. F. Hely Hutchison, qui arrive du gouvernement des îles Sous-le-Vent. C'est le secrétaire colonial, sir Seymour Haden, qui remplit par intérim les fonctions de gouverneur. Un coolie indien m'introduit dans sa bibliothèque, ornée d'une superbe panoplie d'armes zouloues, boucliers, assagaies et *knob-kirries*. Sir Seymour me retient à déjeuner avec sa famille : un déjeuner frugal, composé d'une viande froide et d'un currie indien. Les étran-gers, me dit-il, sont les bienvenus à Natal, pourvu qu'ils n'écrivent pas sur la politique, ce qui ne l'empêche pas de me parler longuement de politique et de m'expliquer le mécanisme de la nouvelle constitution qui vient d'être élabo-rée et qui érige la colonie du Natal au même rang que la colonie du Cap. [En vertu de ce nouvel état de choses, le secrétaire colonial disparaît pour céder la place à un premier ministre flan-qué d'un ministère complet. Le premier minis-tre sera vraisemblablement M. Robinson, un des hommes politiques les plus en vue dans la colonie, et le chef du mouvement autonome. Sir Seymour, dont le poste est supprimé, quit-tera la colonie prochainement pour retourner en Europe.

Mes devoirs présentés au gouverneur intéri-maire, je visite la ville de Pieter-Maritzburg. Disons tout de suite qu'elle m'a paru jolie, la plus jolie peut-être de l'Afrique Australe. Si j'ha-bitais cette partie du monde, c'est dans le beau Natal que je voudrais vivre, et c'est à Maritzburg que je voudrais me fixer. Située à sept cents mètres au-dessus du niveau de la mer, elle n'est point, comme la ville de Durban, affligée de chaleurs tropicales ; entourée de tous côtés de collines verdoyantes, elle a un aspect frais et pittoresque qui séduit au premier abord. Comme toute ville sud-africaine qui se respecte, elle a sa « Montagne de la Table » qui, par une singulière illusion d'optique, paraît beaucoup plus haute qu'elle n'est réellement. A en juger par l'air sain et vigoureux des Européens, le climat doit être excellent, et tout serait parfait sans les tourbillons de poussière que le vent soulève dans les rues, et qui sont le fléau de toute l'Afrique Australe. Quoique disséminée sur un vaste espace de terrain, cette ville ne compte que dix-huit mille âmes, suivant le *Natal Directory*, publication officielle que je trouve à l'hôtel. L'élément européen représente un peu plus de la moitié de cette population ; le reste se compose d'indigènes, au nombre de cinq mille, et d'Indiens, au nombre de trois mille. Maritzburg est le quartier général des troupes impériales, cantonnées au fort Napier, qui domine la ville au sud-ouest.

La capitale du Natal se compose de deux parties bien différentes : il y a la ville créée par les Boers, d'aspect paisible et calme, et celle créée par les Anglais, animée par les affaires. La première a conservé la physionomie champêtre que lui ont donnée les Hollandais ; comme Pretoria, elle réalise le type de la cité rustique, le *rus in urbe*. Chaque habitation est comme une petite maison de campagne, séparée de sa voisine par une centaine de mètres de jardin ; une large chaussée court entre les deux rangées de villas, parfaitement macadamisée, bien propre et bien soignée, et de très rares passants y circulent. L'architecture des habitations, il faut le dire, ne vaut guère mieux ici que dans les autres villes sud-africaines ; ni porches ni pignons ne rompent la monotonie de ces maisons blanches à horribles toitures de zinc, dont la laideur est à peine dissimulée par les festons de feuillage des plantes grimpantes. La plupart des habitations ont un toit en saillie abritant une large veranda, et cette veranda, remplie de verdure et de fraîcheur, donne un peu de poésie à ces vulgaires maisons de village anglais.

Parallèlement à ce quartier aristocratique qui date probablement de Pieter Retief, il y a la rue des affaires, la *Church Street*, qui, avec ses magasins anglais, a toute l'animation de l'Adderley Street de Cape-Town. Là sont les édifices publics, le palais du gouvernement, le City Hall tout récemment inauguré, assez prétentieux monument gothique qui, avec la tour carrée qui en flanque un des angles, a un faux air de palais de Westminster.

Dès mon entrée au Natal, ce qui m'a immédiatement frappé, c'est la prédominance de la race noire sur la race blanche, et le fait est particulièrement saillant à Maritzburg, dont les rues fourmillent de noirs, qu'on les appelle Cafres ou Zoulous. L'usage est ici d'appeler Cafre tout individu à la peau noire; mais quand on arrive de la colonie du Cap, on voit tout de suite que le type de l'indigène a changé : le Zoulou a remplacé le Cafre; il est plus fort, plus agile, plus beau, et, si peu vêtu qu'il soit, il dispose avec plus d'art les défroques européennes dont il se couvre. La population du Natal peut être évaluée à 450.000 noirs et à 45.000 blancs. Il est d'ailleurs difficile d'évaluer exactement la population noire, qui s'élève probablement à un chiffre plus considérable; mais peu importe le chiffre exact, la proportion reste à peu près de dix noirs contre un blanc. Et le nombre des noirs ne fait que croître chaque année, parce que les Zoulous, qui se souviennent des mœurs sanguinaires de leurs anciens rois, viennent volontiers s'établir au Natal pour y vivre sous la tutelle des blancs : ils aiment le gouvernement européen, et ils ont été grandement déçus de ce que le pays du Zoulouland n'a pas été annexé lors de la dernière guerre. Le nombre des Zoulous a plus que centuplé depuis les débuts de la colonie, car les vieux résidents se souviennent qu'il y a cinquante ans il n'y avait pas plus de trois mille indigènes au Natal. Aussi Maritzburg a-t-elle plutôt l'aspect d'une ville zouloue que d'une ville blanche. Des Zoulous partout, et encore des Zoulous, et toujours des Zoulous. Déjà dans la colonie du Cap j'avais été frappé de la prédominance des noirs qui sont aux blancs dans la proportion de quatre à un ; qu'est-ce donc ici, où ils sont au moins dix contre un ! C'est le nombre de ces hordes qui donnait à Cettiwayo le sentiment de sa force. La ville est remplie de chevaux lancés au galop. Des Zoulous les montent, et si vous n'y prenez garde, ils vous galoperont sur le corps. Une autre scène locale, ce sont les chars à bœufs, les attelages longs comme une rue, conduits par des Zoulous qui crient comme des démons contre les bœufs qui s'en vont de leur pas mesuré et flegmatique.

Des Zoulous, des chevaux, des bœufs, est-ce tout ? Non, il y a encore les coulies qui offrent deux variétés, les Hindous et les Chinois : ceux-ci d'ailleurs assez clairsemés. Ces coulies sont importés chaque année par le gouvernement, qui affecte à cet effet une grosse somme votée annuellement; ils s'engagent par contrat à servir régulièrement et d'une façon continue, ce. qu'il est impossible d'obtenir des noirs. Le Zoulou, comme le Cafre, comme le nègre d'Afrique en général, est incapable de s'attacher à un maître : il le sert pendant quelque temps, jusqu'à ce qu'il ait amassé une somme suffisante pour acheter une femme et construire une hutte, puis un beau jour il se sauve pour retourner à son kraal ou pour s'engager chez un autre maître.

Depuis que la culture de la canne à sucre a pris de grands développements dans la colonie, il a fallu recourir à des travailleurs plus soumis et plus sûrs, et c'est ce qui a nécessité l'importation des Hindous et des Chinois. Ces Hindous ont, en grande partie, supplanté les noirs comme domestiques : chez le gouverneur, au club, à l'hôtel, dans les magasins, le service est fait par des garçons hindous : aussi Cafres et Zoulous les détestent-ils cordialement, et l'antipathie est réciproque. J'avais remarqué, en voyageant en chemin de fer, que les wagons de troisième classe sont divisés en deux compartiments absolument séparés : l'un destiné aux Zoulous, l'autre aux Hindous : fiers de leur qualité de sujets britanniques, les Hindous ne consentent pas plus que les Anglais à se trouver en compagnie des noirs.

On peut s'imaginer l'étrange variété de costumes qu'offrent les différentes races qui se coudoient ici. Les Hindous s'habillent à la mode de l'Inde, portant les tissus aux couleurs les plus voyantes : robes de soie ou de mousseline, vertes, blanches, rouges ; quant à la coiffure, c'est généralement un turban rouge et, plus rarement, une calotte très richement brodée d'or et d'argent. Les femmes se drapent comme des statues antiques avec leurs châles dont les couleurs éclatantes se marient si bien avec l'olive de leur teint ; elles affectionnent les anneaux d'argent aux chevilles, les bracelets aux poignets, les bagues aux doigts et aux orteils, les pendants d'oreille, et elles se percent même les narines pour y appliquer des bijoux : ce que cela doit les gêner pour se moucher ! Lorsqu'elles relèvent leur bras nu pour soutenir le fardeau qu'elles portent sur la tête, il semble qu'elles évoquent l'image de l'Inde : sous le flamboyant soleil du Natal, elles sont encore dans leur cadre naturel.

Entre ces Hindous si artistement vêtus et les Zoulous, vêtus à la manière des sauvages, le contraste est grand. Les Zoulous, comme les Cafres, ont une singulière prédilection pour les défroques militaires : ils préfèrent à tout autre vêtement une vieille tunique de soldat ou d'officier ; et l'on devine l'effet burlesque d'un habit rouge très court sous lequel se meut une paire de cuisses nues, car le Zoulou a horreur du pantalon. Comme les tuniques anglaises ne suffisent pas à l'énorme consommation, il en vient de tous les pays à armées permanentes : j'ai même reconnu, sur le corps d'un Zoulou, l'uniforme qui orna, il y a vingt ans, la poitrine d'un colonel de garde-civique belge. *Quantum mutatus !*

A Maritzburg comme dans toutes les villes du Natal, l'ordre est maintenu dans les rues par un corps de police indigène, et rien n'est plus comique que l'air digne et important de ces Zoulous affublés d'un casque et d'une tunique bleue serrée par une ceinture; comme concession aux Européens, ils portent une culotte courte qui laisse à nu la jambe. Ils sont très fiers de leurs *Knobkerries*, bâton à poignée sphérique qui est le symbole de leur autorité, et qu'ils ont seuls le droit de porter. Il est interdit aux indigènes de circuler avec des lances ou des assagaies, et même, dans les villes, avec des knobkerries, armes encore assez dangereuses entre leurs mains. Ils se consolent en portant une canne, une houssine ou une gaule, par précaution contre les serpents qui foisonnent dans le pays. On ne rencontre jamais un indigène qui ne soit muni d'une arme de ce genre.

On a vite épuisé les curiosités de Maritzburg, qui, pour une capitale, est assez pauvre en édifices et en monuments. Il y a bien un parlement dans ce style gréco-moderne pour lequel les Anglais ont une triste prédilection, et puis un hôtel-de-ville gothique, et puis encore une colonne commémorative érigée à la mémoire des Anglais qui succombèrent dans la guerre avec les Zoulous, mais tout cela n'est guère digne d'être noté que par l'auteur consciencieux qui fera un jour le guide du voyageur en Afrique Australe. Maritzburg n'est intéressante que par ses Zoulous et aussi par ses jolis environs.

J'ai fait, autour de la capitale du Natal, de

charmantes excursions en voiture avec lady Haden et sa jeune fille. Il y a, près de la ville, un parc absolument merveilleux dont les allées, qui suivent tous les caprices des ondulations naturelles du terrain, courent à travers une forêt de vieux chênes ou suivent les méandres d'une adorable petite rivière bordée de saules pleureurs. Ce parc, où la musique militaire se fait entendre à certains jours, est le rendez-vous des équipages, des cavaliers et des joueurs de criquet et de foot-ball, sports aussi en honneur au Natal et dans la colonie du Cap que dans la mère patrie. Une autre promenade favorite des habitants est le jardin botanique, situé à une lieue de la ville, au milieu des bois et des montagnes. Sans être très riche en plantes indigènes ou exotiques, ce jardin est beau comme un rêve, avec ses grands arbres touffus, ses bassins et ses cascades. L'excursion classique est celle de la chute de la rivière Umgeni, à Howick, à laquelle on se rend en chemin de fer. Cette chute mesure cent mètres de hauteur, et elle est vraiment superbe, soit qu'on la contemple du haut de la corniche qui la domine, soit qu'on descende au fond de l'abîme par le vertigineux sentier que les Cafres y ont pratiqué.

A Maritzburg, j'ai été hanté par la touchante figure du prince impérial Louis-Napoléon, comme à Queretaro je revoyais sans cesse celle de Maximilien. C'est d'ici que le jeune prince partit pour aller prendre part à cette fatale expédition contre les Zoulous, où il devait perdre si misérablement la vie. Pendant quelques jours, il fut l'hôte du gouverneur : on m'a fait voir, au *Government House*, la chambre où il dormit la dernière fois dans un lit, et où l'impératrice Eugénie vint coucher l'année suivante, lors du pieux voyage qu'elle entreprit, en 1880, pour pleurer son enfant au lieu même où une embuscade de sauvages avait mis fin à ses rêves de gloire. Le prince, admis comme volontaire dans l'état-major de lord Chelmsford, accompagnait une petite troupe d'éclaireurs dans une expédition de reconnaissance : dès qu'ils se virent surpris par les cinquante ou soixante Zoulous qui firent irruption d'un donga où ils étaient cachés, tous les cavaliers, sous la conduite d'un triste officier, se sauvèrent par la fuite, sauf le malheureux prince, dont le corps fut retrouvé plus tard criblé de flèches et d'assagaies, toutes reçues en face pendant qu'il se défendait l'épée à la main. On dit ici qu'il fut victime de l'habitude qu'il avait de monter à cheval le dernier, après que tous ses camarades étaient en selle. Devant le danger, seul il garda son sang-froid, et, fidèle à sa coutume, voulut monter le dernier ; mais les Zoulous ne lui en laissèrent pas le temps. Une tombe élevée par la reine d'Angleterre marque l'endroit précis où il périt si bravement, dans cette solitaire vallée du Zoulouland qu'arrose la rivière

Ityotyosi, non loin du mont Isandhlouana où, quatre mois avant, les Anglais avaient essuyé l'épouvantable désastre qui détermina la campagne à laquelle le prince prit part.

XIX

LA COLONIE DE NATAL

Lorsqu'on considère sur la carte la colonie de Natal, on lui trouve la forme d'un diamant taillé, et elle est, en effet, le joyau de l'Afrique Australe. Elle ne serait pas un joyau si elle n'était petite : son étendue est celle de la Grèce, ou les deux tiers de celle de l'Écosse, ou le sixième des îles Britanniques ; comparée à la colonie du Cap, elle est onze fois plus petite, et elle n'occupe que la six centième partie du territoire du gigantesque continent noir.

Aperçue du haut d'un ballon, cette terre de Natal offrirait l'aspect d'une bande de collines, de forêts et de prairies, s'inclinant en pente rapide d'un grand rempart rocheux vers une mer sans limites. Le rempart est la chaîne du Drakensberg, la mer est l'Océan Indien. Du Drakensberg à l'océan serpentent trois grandes rivières : la Tugela, l'Umkomaas et l'Umzimkoulou. Çà et là l'œil aperçoit ces étranges montagnes tabulaires, dont les couches de grès silurien s'appuient sur des contreforts de granit ou de gneiss.

Quoiqu'elle soit située en dehors de la zone tropicale, la terre de Natal jouit, dans les régions basses, d'un climat semi-tropical, à cause du courant équatorial venant du canal de Mozambique, qui en baigne les côtes; mais, comme le pays s'élève graduellement depuis l'océan jusqu'aux monts du Dragon, il en résulte des différences climatériques bien marquées sur une aire relativement très restreinte, puisqu'elle n'a guère que quarante lieues de largeur. Le Natal offre, sous ce rapport, une analogie frappante avec le Mexique : dans l'une et l'autre contrée, c'est la même succession de terrasses étagées à des altitudes croissantes, avec leurs variétés correspondantes de climats et de productions : air humide et chaud sur le littoral, air sec et frais dans la région moyenne, air vif et froid dans les *highlands.* La côte se prête à la culture du sucre, du coton, du café, du thé, du tabac, des épices et de la plupart des fruits que produisent les climats tropicaux; dans les régions moyennes et élevées, on cultive le froment, l'orge, l'avoine, les fruits et les légumes de nos climats.

Le Natal est, comme l'Orange et le Transvaal, une contrée essentiellement pastorale, et comme toute contrée pastorale, elle est peu peuplée : sa population dépasse à peine un demi-million, et le nombre des blancs n'atteint pas cinquante mille. Environ les trois cinquièmes des blancs sont des Nataliens nés dans le pays : on compte parmi eux un grand nombre d'Allemands qui ont fondé des colonies agricoles, telles que New Germany, New Hanover, Hermannsburg ; il y a aussi, mais en plus petit nombre, des Boers établis dans les hauts districts. Les Anglais vivent principalement dans les villes, sur la côte et dans la région moyenne.

Hier encore, le Natal était une colonie de la Couronne administrée par un représentant de la Reine, qui était tout à la fois gouverneur, commandant en chef des forces britanniques, vice-amiral et chef suprême des populations indigènes. Le gouverneur était assisté d'un conseil exécutif où figuraient le secrétaire colonial et quatre autres autorités, et d'un conseil législatif composé de deux membres nommés par le gouvernement, des cinq membres du conseil exécutif, et de vingt-trois membres élus par les comtés. Le gouvernement offrait donc un bizarre mélange d'autorités officielles et d'autorités élues. Mais le corps électoral s'est prononcé récemment, à une faible majorité, pour une réforme qui confère au Natal son autonomie et l'érige en colonie à gouvernement responsable ; la métropole vient de ratifier la réforme, et la nouvelle constitution entrera bientôt en vigueur. Le Natal, tout comme la grande colonie voisine, aura désormais un parlement colonial, une chambre haute et une chambre basse ; l'une, sous le nom de conseil législatif, sera composée de onze membres dési-

gnés par le gouverneur; l'autre, sous le nom
d'assemblée législative, comptera trente-sept
membres soumis à l'élection. Le Natal, qui n'a-
vait jamais connu la vie politique, va donc entrer
dans l'ère des agitations électorales. Si l'on se
rappelle que cette colonie n'appartient à l'Angleterre que depuis trente ans on ne peut qu'admirer,
son rapide développement, et aujourd'hui qu'elle
a conquis son autonomie, elle paraît appelée à de
plus grands progrès encore sous l'impulsion des
hommes nouveaux qui présideront à ses destinées.

Avant la conquête anglaise, la terre de Natal
resta longtemps oubliée. On peut dire qu'avant
l'arrivée des Anglais son histoire se réduit au
fait de sa découverte par Vasco de Gama, le
jour de Noël de l'an de grâce 1497. Les érudits
prétendent que le nom du pays est la traduction
du latin « *Dies Natalis* »; mais ils oublient que
Vasco de Gama était beaucoup plus familier
avec sa langue maternelle qu'avec la langue
latine. « *Natal* » est tout simplement le mot portugais qui répond à notre mot « Noël ». Ce n'est
que deux siècles après la découverte des Portugais que les Hollandais établis au Cap, rensei-
gnés sur le pays par des marins qui y avaient
fait naufrage, passent un acte d'achat avec un
chef indigène, et ajoutent Port-Natal à leurs possessions sud-africaines; mais ils n'occupent
point le pays d'une façon effective et n'y fondent
point d'établissement permanent. Lors du grand

trek de 1836, une troupe de Boers quitte la colonie du Cap, traverse le territoire de l'Orange, franchit les monts Drakensberg, et vient chercher une nouvelle patrie au Natal qu'on leur a dépeint comme un riche pays de pâturages arrosé par des eaux limpides, comme une terre où coulent le lait et le miel. Le premier convoi est bientôt suivi d'un second, conduit par Pieter Retief et Gert Maritz. Ce deuxième convoi est massacré par les Zoulous, mais les Boers, revenus plus nombreux, infligent aux Zoulous une sanglante défaite, fondent Pieter-Maritzburg, et s'établissent dans le voisinage d'un campement anglais, à Durban. Bientôt après, les Boers se constituent en État indépendant, sous le nom de République de Natalia. Mais cette république n'a qu'une existence éphémère. Le gouvernement du Cap, considérant les émigrants hollandais comme n'ayant pas cessé d'être sujets anglais, envoie contre eux un navire de guerre chargé de troupes auxquelles les Boers font leur soumission. En 1843, le Natal est définitivement déclaré colonie britannique, et la plupart des Boers repassent les monts Drakensberg pour se fixer dans l'Orange et au Transvaal. Déserté par les Hollandais, le Natal est aujourd'hui une colonie beaucoup plus anglaise que la colonie du Cap, qui a gardé une empreinte hollandaise très accentuée. La cocolonie de Natal est d'ailleurs plus jeune : Cape-Town compte deux siècles de plus que Durban,

Les deux colonies, quoique très voisines l'une de l'autre, ont toujours vécu éloignées. Mais le petit territoire indépendant du Pondoland, qui en sépare les frontières, ne tardera point à être incorporé à la colonie du Cap (1), et cette annexion qui rendra leurs frontières contiguës, les réconciliera en les rapprochant, à moins qu'elle ne soit une première étape vers l'absorption future de la petite colonie par la grande. Le fait est qu'entre les deux colonies anglaises règne une étrange rivalité, tout comme s'il s'agissait de deux peuples différents, et cette rivalité est d'autant plus surprenante qu'elle est plus inégale : la colonie du Cap est si vieille et si grande, si riche et si peuplée ! la colonie de Natal est si petite et si jeune ! Aussi les sentiments qu'elles nourrissent l'une contre l'autre ne sont-ils pas les mêmes : au Natal. c'est l'envie et la jalousie ; au Cap, c'est le dédain et l'indifférence. La petite colonie ne pardonne pas à la grande son immense expansion en Afrique Australe, et elle lui fait grief de détourner à son profit le commerce du Transvaal et de l'Orange, qui s'écoulait autrefois par les routes indiquées par la situation géographique du Natal, et qui aujourd'hui s'écoule par les voies rapides des chemins de fer qui mènent de Johannesburg à Cape-Town et à Port-Elisabeth, ports plus rapprochés de l'Europe et de l'Amérique que Port-Natal.

(1) L'annexion a eu lieu en avril 1894.

Le Cap est évidemment le plus puissant État de l'Afrique Australe, mais le Natal se refuse à accepter cette suprématie. Aux yeux du Natal, le Cap abuse de sa force pour opprimer ses voisins plus faibles, et l'antagonisme amène ce résultat inattendu, que le Natal, au lieu de rechercher l'alliance de la grande colonie anglaise, vise à une alliance avec ses voisins du Transvaal, et recherche l'amitié des Boers, ces ennemis naturels de l'Angleterre ! On devine bien que les Boers ne manquent pas de faire leur profit de la situation et se gardent bien d'apaiser des querelles qui ne peuvent que servir leurs intérêts. Le Natal se refuse à entrer dans l'union douanière conclue entre le Cap et l'État libre d'Orange ; le Natal fait au Cap une guerre de tarifs de chemin de fer ; l'année dernière le Natal s'abstenait de participer à l'exposition coloniale que le Cap organisait à Kimberley ; dans toutes les questions d'intérêt commun, le Natal pratique la politique de l'isolement ou de l'opposition, et c'est un spectacle unique dans l'histoire de la colonisation anglaise que cette bouderie entre deux colonies sœurs, vivant côte à côte et peuplées de colons de même sang.

Il suffit souvent d'un événement heureux pour mettre fin à une brouille de famille. Aujourd'hui que la mère patrie a émancipé le Natal en lui conférant la majorité politique, on peut raisonnablement croire que la sœur cadette cessera de jalouser la sœur aînée : lorsqu'elle était mineure et sous tutelle, elle se trouvait dans un état d'infériorité vis-à-vis de la colonie du Cap ; désormais elle se gouvernera elle-même, elle sera responsable de ses actes, et la sœur aînée ne pourra plus la dédaigner ni l'humilier ; au reste, ce qu'elle a fait avant son émancipation répond de ce qu'elle fera maintenant qu'elle a lâché le jupon de la mère patrie. Elle a pu, étant sous tutelle, développer son commerce, créer des villes, construire des chemins de fer ; elle saura, étant majeure, veiller à ses destinées mieux que ne pouvait le faire le gouvernement de la métropole, et le sentiment de sa responsabilité lui fera éviter les fautes qui coûtent si peu à un gouvernement irresponsable.

Par un bizarre phénomène, la réforme constitutionnelle n'a été votée qu'à une faible majorité. A Pieter-Maritzburg, les électeurs ont voté contre elle presque à l'unanimité ; à Durban, au contraire, elle a emporté presque l'unanimité des suffrages. Les partisans du statu quo objectaient qu'une colonie qui prétend se gouverner elle-même doit pouvoir elle-même se défendre contre les ennemis du dehors et assurer le maintien de l'ordre à l'intérieur. Or, si l'ordre et la paix règnent actuellement parmi les Zoulous, c'est à cause de la présence des troupes impériales cantonnées au fort Napier. Le *self-government* implique naturellement le retrait des troupes, et comme ce sont elles qui font prospérer la capitale et lui donnent sa vie et son animation, on comprend que la capitale se soit montrée hostile au changement.

Il y avait aussi à considérer la question des indigènes, la plus grosse question qui intéresse le passé, le présent et l'avenir de la colonie. Comment accorder au gouvernement local le contrôle et la surveillance de cette immense population noire, dix fois plus nombreuse que la population blanche, et dont les masses toujours croissantes sont un éternel danger? Pouvait-on laisser aux mains de la colonie la solution des problèmes qui touchent à la sécurité de tous les États de l'Afrique Australe ? Le gouvernement impérial n'a pas hésité, tout en concédant l'autonomie, à se réserver le règlement des affaires indigènes. Mais la colonie jouira désormais d'une autonomie suffisante pour conquérir son rang parmi les États de l'Afrique Australe, et rien mieux que le sentiment de son autonomie ne contribuera à effacer les vieilles rivalités entre deux colonies qui ont tout intérêt à se rapprocher.

XX

DURBAN

A peine ai-je pris place dans le train de Durban, que mon compartiment est envahi par des
gentlemen grisés par le whiskey, et beaucoup
plus familiers que je ne le voudrais. Plutôt que
de voyager en leur compagnie, je saisis ma valise et me réfugie, au grand étonnement de ces
messieurs, dans le compartiment voisin. C'est
là un incident ordinaire dans les colonies sud-
africaines, où l'abus du whiskey prend de déplo-
rables proportions même chez les classes élevées
de la société : au club comme à l'hôtel, le *bar*
est constamment assiégé par des messieurs du
meilleur ton, qui font d'effrayantes consomma-
tions d'alcool. Ce n'est qu'ici qu'on peut être
exposé à voyager en première classe en compagnie de gens ivres.

Pendant plusieurs heures, je ne perds pas de
vue Table Mountain, que le chemin de fer con-
tourne par une immense courbe de soixante kilomètres, s'étendant de Maritzburg à Botha Hill :

qu'on la voie du nord ou du sud, toujours elle présente la même silhouette. A partir de Botha-Hill, où l'on s'arrête pour dîner, on commence la descente du dernier gradin de ce gigantesque escalier dont la locomotive est venue à bout. Ici les courbes se multiplient au point que la longueur de la voie ferrée est double de celle de l'ancienne route des chars à bœufs : constamment on côtoie des abîmes devant lesquels ma voisine ferme les yeux, imitant la tactique de l'autruche. Voici justement des autruches paissant au milieu des vaches qui ne paraissent pas trop étonnées de la compagnie de ces bipèdes ; les autruches ne s'émeuvent d'ailleurs pas plus que les vaches du passage du train : ce sont des autruches apprivoisées, qui feraient la joie de Tartarin.

Après le coucher du soleil, la température, au lieu de se refroidir, s'élève sensiblement : c'est que nous approchons de la zone du littoral. Long-temps avant d'arriver à Durban, on distingue dans la nuit le feu tournant du phare érigé sur le haut promontoire du Bluff : qu'on arrive par terre ou par mer, ce feu s'aperçoit à plusieurs lieues de distance. Bientôt des milliers de lumières annoncent que nous sommes arrivés. En descendant du train, à dix heures du soir, j'éprouve l'impression que j'eus il y a dix ans, lorsque le train que j'avais pris le matin à Mexico me déposait le soir à Vera-Cruz : je suis en terre chaude,

en quelques heures j'ai passé de la zone tempérée
à la zone tropicale.

Je ne trouve plus une chambre au *Royal
Hôtel*, n'ayant pas pris la précaution nécessaire
d'en retenir une par le télégraphe. Je suis réduit
à passer ma première nuit sur un lit de camp
qu'un coulie me monte dans la salle de billard.
Dans la salle voisine, de passionnés joueurs de
poker me tiennent éveillé pendant la moitié de
la nuit, et j'entends le carillon voisin du Town-
Hall sonner tous les quarts d'heure. Le lendemain, j'obtiens une des petites chambres distribuées autour du patio : un rêve que ce patio,
avec ses palmiers, ses fougères arborescentes,
ses pandanus et autres arbres de serre chaude
au milieu desquels se jouent des jets d'eau,
comme dans les patios de Séville et de Grenade.
Dans ce charmant hôtel, point de garçons en
morose habit noir, mais une phalange d'Hindous
vêtus de blanc et coiffés d'un turban : à tous les
repas, ils nous servent un savant currie, le mets
national de l'Inde. C'est dans ce même hôtel, le
meilleur de l'Afrique du Sud, que le célèbre ex-
plorateur Serpa Pinto, le Stanley portugais qui
traversa l'Afrique, passa quelques jours avant de
reprendre la route de l'Europe.

En sortant de l'hôtel, je n'ai que la rue à traverser pour me trouver dans le jardin public, au
milieu des splendeurs de la végétation tropicale.
Quel changement à vue ! Hier c'était l'Afrique

du Sud, maintenant c'est l'Inde. Des palmiers géants, des bananiers, des figuiers multipliants, des manguiers, d'énormes bambous, et, au centre, une fontaine monumentale déversant dans un large bassin ses eaux claires qui vous donnent la tentation d'un bain rafraîchissant. Nous reviendrons souvent dans ce délicieux jardin, très poétique le soir, quand le feuillage des grands arbres s'argente au clair de lune.

De l'autre côté du jardin est le Town-Hall, l'hôtel-de-ville de Durban, dont la haute tour, qui se voit de partout, renferme un carillon qui s'entend de partout. Ce Town-Hall, qui fait l'orgueil des habitants, est un vaste palais de style corinthien, abritant la Chambre de commerce, le Conseil municipal, la Poste et le Télégraphe, une immense salle destinée aux réunions publiques, et même un musée d'histoire naturelle où l'on voit, trônant au milieu d'une riche collection d'oiseaux d'Afrique, d'immenses autruches de deux mètres de haut, et aussi, dans la section ethnographique, toute la vaisselle en bois de Cettiwayo, le fameux roi des Zoulous, qui mangeait sa viande dans un plat ovale de trois pieds de long et buvait sa bière dans des pots dont se serait contenté Pantagruel. C'est dans la grande salle de l'hôtel-de-ville que se tiennent les meetings au sujet de l'émancipation de la colonie, où le tribun le plus populaire est M. Robinson, le chef du mouvement autonome,

qu'on désigne comme le futur premier ministre.

Durban, que les navigateurs appellent Port-
Natal, doit son nom à Benjamin d'Urban, un
des premiers gouverneurs du Cap, à l'époque
où le Cap et le Natal formaient une seule colonie. Dans ce pays, toutes les villes portent un
nom d'homme, quand elles ne portent pas deux
noms d'homme, comme Pieter-Maritzburg. Cape-
Town comptait déjà deux siècles que Durban
n'existait pas encore, et de vieux colons se souviennent du temps où l'emplacement qu'occupe
la ville était visité par les lions et les léopards,
et même par les éléphants. Il y a quelques années
à peine que Durban n'était qu'un insignifiant
village : aujourd'hui, c'est une des plus belles
villes de l'Afrique, avec une population à peu
près égale à celle de Cape-Town, dont les Européens forment la moitié, les indigènes un quart
et les Asiatiques l'autre quart. Les rues, très
droites, très longues, et d'une largeur exagérée,
offrent l'aspect des villes américaines, et ce qui
complète l'analogie, c'est le nombre des églises
de différentes confessions : il y en a pour les
blancs, pour les noirs, pour les Asiatiques, pour
les mahométans, pour les bouddhistes. La
cathédrale a été fondée par un évêque français,
Mᵍʳ Jolivet : le dimanche, on y prêche en français, car les trois mille catholiques de Durban
sont presque tous des Mauriciens venus de cette

terre jadis française, qui s'appela longtemps l'île de France.

Les rues de Durban fourmillent d'Hindous et de Zoulous, et il semble que cette foule bariolée soit mieux encore dans son élément dans cet air tiède du littoral que sur les frais plateaux de l'intérieur. Une nouveauté introduite depuis peu attire tout de suite mon attention. A Durban, il n'y a point de *cabs*, mais il y a une infinité de *djin-rik-sha*. Sous ce nom japonais on désigne une légère petite voiture à deux roues exactement semblable à celles qu'on peut voir dans les rues de Tokio ou de Yokohama ; la seule différence, c'est qu'ici elle est attelée d'un Zoulou au lieu d'être attelée d'un Japonais. Comme les rues ne sont point pavées, mais pourvues d'un excellent macadam, ces djin-rik-sha roulent aussi bien que sur une route japonaise, tirées par de robustes Zoulous qui vont constamment au trot sur leurs larges pieds nus. Ils se contentent, pour une course, de la modique somme de trois sous, et quand ils ont fait pendant quatre mois ce métier de cheval, ils retournent dans leur tribu pour consacrer le produit de leurs économies à l'achat d'une femme.

Si Durban n'avait que son hôtel-de-ville, son parc, ses djin-rik-sha, elle n'aurait que peu de titres à l'admiration ; mais Durban a son club, dont elle est fière à bon droit, car le Durban-Club est le plus beau club de l'Afrique. J'y déjeune souvent avec l'élite de la société durbanaise : j'y rencontre des consuls, des avocats, des magistrats, des négociants ; dans la salle de lecture, je trouve les publications officielles sur la colonie, et les journaux du monde entier.

Lors de son séjour à Durban, le prince impérial fréquenta assidument le club, et l'on y conserve pieusement, dans la salle de lecture, son portrait au bas duquel on voit la signature autographe « Louis Napoléon », dernière signature du jeune prince venu ici avec l'espoir de monter un jour sur le trône impérial, et sombrant à la fleur de l'âge, dans une embuscade, seul en face des lances et des flèches d'une poignée de sauvages. Que de fois je me suis arrêté devant ce troublant portrait, méditant sur la fragilité des entreprises humaines soumises aux inévitables décrets de la Providence !

Durban doit son importance commerciale à la circonstance qu'elle est le seul port de la colonie de Natal. Quand Vasco de Gama découvrit la baie de Port-Natal, il la prit pour l'embouchure d'une rivière, et il se peut, en effet, que la rivière Umgeni, qui rejoint l'Océan Indien à une lieue de la ville, ait eu anciennement son écoulement dans la baie. Le terrain, composé de sables, est si mouvant, qu'un déplacement du lit de la rivière n'a rien d'improbable. Le port est un vaste bassin qui forme une lagune intérieure, resserrée entre le haut promontoire du Bluff,

qui porte un phare à feu tournant, et une langue
de sable qui s'appelle « la Pointe ». L'entrée de
la lagune est obstruée par une barre de sable
moùvant qui jouit d'une détestable réputation.
Les ports de l'Afrique Australe sont presque tous
défendus par une barre, et la barre de Port-Natal
passe pour la plus dangereuse de toutes. C'est à
cause de cette barre que la colonie du Natal n'a
pas encore pu réunir son réseau de chemins de
fer à ceux de la colonie du Cap et du Transvaal,
et que les marchandises venant de l'intérieur
s'écoulent de préférence par le port plus sûr de
Delagoa Bay. On a dépensé des sommes énormes pour faciliter l'entrée du port, mais tous les
travaux n'ont pu venir à bout de cette barre obs-
tinée, et les gros navires doivent mouiller au
large. On raconte qu'un jour, à un banquet officiel, quelqu'un s'avisa de porter un toast au
barreau de Durban, et comme l'attorney général se levait pour remercier, un autre convive
fut debout aussitôt pour protester avec indignation qu'il ne boirait pas à la santé du plus grand
ennemi de la colonie. Ce convive croyait qu'il
s'agissait non du barreau, mais de la barre, la
langue anglaise n'ayant qu'un mot pour désigner
l'un et l'autre.

La *Pointe*, qui est le véritable *Port-Natal*,
est à trois kilomètres de Durban, et les deux
villes sont réunies par un chemin de fer. Un
tramway les relie en outre avec le quartier de

la Berea, ou la haute ville, qui occupe, à l'ouest,
les pentes d'un vert coteau, au fond de la baie.
Ce quartier est le West-End de Durban : c'est-
là que demeure la société élégante, et que, au
déclin du jour, les hommes d'affaires se retirent
à la campagne, *usu britannico*. Vers cinq heures
du soir, les rues de Durban se dépeuplent, le
tramway et les trains de chemin de fer regor-
gent de voyageurs, les équipages circulent en
foule dans l'admirable avenue que bordent des
bouquets de bambous ou de grands arbres dont
les branches se rejoignent et forment un tunnel
de verdure. Tout ce monde se précipite vers le
paradis de la Berea, qui est à Durban ce qu'est
à Cape-Town le paradis de Wynberg.

C'est dans ce charmant faubourg champêtre
que j'ai rencontré l'élite de la société durbanaise.
J'y suis allé souvent chez notre aimable consul
M. Siffert, chez M. de la Bistour, Mauricien qui
s'est créé la plus belle clientèle du barreau de
Durban, chez M. Pincus, le chef d'une des plus
importantes maisons de commerce de la colonie.
La splendide villa de M. Pincus, où résidait
antérieurement sir Charles Mitchell, gouverneur
de la colonie, a reçu des hôtes illustres : c'est
là que séjournèrent pendant quelques jours le
prince impérial, en 1879, et l'impératrice Eugénie, en 1880.

Dans les jardins de la Berea on peut voir tout ce
que le tropique produit de plus merveilleux: pal-

miers, orangers, citronniers, manguiers, grena-
delles, goyaviers, bananiers, arbres du voyageur,
pandanus, popos, moonflowers et mille autres
arbres portant des fruits savoureux ou des fleurs
éclatantes qui annoncent le voisinage de Madagascar. Mais ce que j'admirais plus encore, c'est
la vue inoubliable, une des plus belles du monde,
dont on jouit du haut des collines de la Berea
sur la ville de Durban, couchée dans la plaine, à
une lieue de distance, entre la baie intérieure et
l'Océan Indien, dont la nappe chatoie sous un
ciel d'un bleu incomparable. C'est à la chute du
jour qu'il faut contempler ce grandiose horizon,
quand le soleil couchant répand sur la scène ses
indescriptibles splendeurs. Ceux-là qui ont vu la
féerie des soirs sous les latitudes australes peuvent comprendre que l'on gravisse les hauteurs
de la Berea et de Musgrave Hill sans autre but
que de voir un coucher de soleil.

Au pied des coteaux de la Berea, à trois kilomètres de Durban, on a créé un jardin botanique
qui, étagé en terrasses sur les premières pentes
de la colline, rappelle par son heureuse disposition
le jardin botanique de Bruxelles. Je ne revenais
pas de ma surprise lorsque le directeur, M. John
Wood, m'apprenait que trois blancs et huit noirs
suffisent à l'entretien du jardin ; il est vrai que,
sous ce climat, la culture en serre chaude est
inutile : la serre chaude est ici le plein air, toujours doux et tiède. On a réuni dans ce jardin

presque tous les représentants de la flore indigène et les principaux spécimens de la flore exotique des latitudes tropicales ou semi-tropicales. Deux énormes *Pandanus utilis* de l'île Bourbon font un superbe ornement à la porte d'entrée, et la grande avenue est riche en palmiers de toutes les parties du monde, tels que le *Coco plumosa* du Brésil, l'*Oreodoxia regia* des Indes occidentales, le *Caryota sobolifera* des Indes orientales, et surtout l'*Arega rubra* de l'île Maurice, un des plus gracieux palmiers que je connaisse. Dans la flore natalienne, j'ai admiré les aloës, qui atteignent des dimensions monstrueuses : l'*Aloe dichotoma* est un arbre de dix mètres de hauteur; il y a aussi des fougères arborescentes indigènes d'un port superbe, telles que la *Cyathea Dregei* et le *Hemitetia capensis.*

Dans la colonie du Cap j'avais beaucoup entendu parler diamants, or, autruches, moutons; ici on ne me parle que de la canne à sucre, la vraie richesse du Natal. On ne peut décemment visiter Durban sans voir au moins une plantation et un moulin à sucre. Je me suis donc laissé mener, à une lieue de la ville, chez un planteur très populaire dans le pays sous le nom de « père Labistour », par lequel on le distingue de son fils M. de la Bistour, non moins populaire comme avocat. Son histoire est touchante : je la relate telle qu'il me l'a contée. Le père Labistour est un Breton de race, qui s'établit, il y a quinze

ans, comme planteur à l'île Maurice. Il y vécut
douze ans et prospéra. Mais un jour, un de ces
affreux cyclones qui ravagent l'île de temps à
autre, détruisit en quelques heures sa plantation,
son moulin à sucre, ses chevaux, sa maison,
toute sa fortune : il ne lui restait plus même un
toit pour s'abriter! Confiant en Dieu, comme tout
vrai Breton, il vint au Natal, et ce fut comme
une heureuse inspiration de la Providence.
« Terre bénie! terre bénie! » me disait-il avec
une expression de reconnaissance attendrie. Malgré les sinistres pronostics de ses amis, il rache-
ta pour cent et cinquante mille francs, moyen-
nant un emprunt hypothécaire, une plantation
complètement discréditée, et pendant les premiers temps il eut à lutter contre le désespoir;
mais au bout de quelques mois, la fortune lui
sourit ; avec son expérience de planteur mauricien, et aussi, disait-il, avec l'aide visible de
Dieu, il releva la plantation et fit si bien qu'au
bout de deux années il avait amorti le prix d'a-
chat. Aujourd'hui, trois ans après le désastre de
Maurice, il est devenu riche, et il ne cesse de
répéter : « Terre bénie! terre bénie! » En trois
ans, il a pu faire à Natal mieux qu'il n'a fait en
douze ans à Maurice : là bas, il avait de sérieux
concurrents, ici il n'a d'autres concurrents que
les Anglais, qui n'entendent rien à la culture du
sucre. Mais qu'on ne s'y trompe point : beaucoup,
faute d'apprentissage, ont échoué là où le père

Labistour a si bien réussi. J'ai rencontré ici un autre Français qui s'est ruiné dans la culture des cannes, à défaut d'expérience et de connaissances spéciales.

Tout en nous menant à travers ses champs de cannes, M. de la Bistour nous énumérait, avec la science d'un expert, les treize différentes espèces qu'il cultive, depuis la canne *Iouba*, la plus productive de toutes, jusqu'aux espèces géantes qui atteignent cinq à six mètres de hauteur; et il nous expliquait que les deux grandes conditions de succès sont la fumure et le dépaillage. Par son système de dépaillage il est parvenu à conjurer le danger du feu, le grand ennemi des plantations de cannes. Tout à la fois cultivateur et industriel, il a monté au milieu de sa plantation un moulin à sucre et une distillerie de rhum qu'il nous a montrés en détail : la fabrication du sucre ne va pas sans la fabrication du rhum.

Dans les plantations, aussi bien à l'usine qu'aux champs, tous les ouvriers sont des coulies, qu'on emploie, à Natal comme à Maurice, de préférence aux noirs, parce que les noirs ne travaillent que par caprice et sont aussi insoumis qu'irréguliers. L'immigration des coulies, inaugurée en 1860, a pris de telles proportions, dans ces dernières années, que les Hindous sont aussi nombreux au Natal que les Européens. Les coulies — le mot signifie « travailleurs » en langue hindoustani — sont importés dans la colonie par le gouvernement en vertu d'une décision de la législature, qui fixe périodiquement le nombre des émigrants. Recrutés à Madras, à Calcutta, à Bombay, ils s'engagent par contrat pour une période de dix ans, au bout de laquelle ils sont libres de retourner dans leur pays. A leur arrivée, on les distribue entre les différents planteurs, qui payent au gouvernement une redevance annuelle de cent francs par coulie; le salaire et l'entretien du coulie leur coûtent environ cinq cents francs par an. Il est rare que le coulie use de la faculté de retourner dans l'Inde à l'expiration de son engagement; il préfère généralement s'établir comme fermier ou cultivateur, et la plupart s'adonnent à la culture maraîchère, dans laquelle ils sont passés maîtres. J'ai vu, dans les environs de Durban, des villages hindous, avec leur mosquée ou leur pagode, et, autour de l'agglomération, des potagers identiques à ceux qu'on peut voir dans la banlieue de nos villes.

A côté des coulies « indentured », engagés par contrat, il y a donc les coulies libres. Je me suis laissé dire, et cela m'a fait rêver, que les coulies libres sont trois ou quatre fois plus nombreux dans la colonie que les enrôlés, et que leur nombre augmente sans cesse par le recrutement de nouveaux coulies. Puis, il y a encore une classe d'Hindous supérieure aux coulies qu'on

désigne localement, mais à tort, sous le nom
d'Arabes, et qui sont venus à leurs frais au Natal pour s'y établir comme boutiquiers et com-
merçants. Des milliers d'Hindous débarquent
ainsi chaque année à Port-Natal, avec leurs femmes, et comme il est rare qu'ils retournent dans
l'Inde, ils peuplent peu à peu la colonie, ils y
font souche, et lentement, mais sûrement, ils
supplantent la race noire qui ne peut lutter avec
eux. Et si l'on n'y prend garde, la colonie deviendra bientôt une province de l'Inde, comme
il est arrivé à l'île Maurice, envahie par trois
cent mille Hindous qui ont supplanté d'abord
les noirs, et qui sont en train de supplanter les
créoles. Le même phénomène se passe à Zanzi-
bar et sur d'autres points de la côte d'Afrique.
L'Hindou se trouve admirablement du climat de
l'Afrique, et le jour n'est peut-être pas éloigné
où les peuples de l'Inde, aussi envahissants et
aussi entreprenants que les Chinois, occuperont
toutes les régions basses de la zone tropicale
et refouleront vers les hauts plateaux de l'intérieur les noirs auxquels ils sont infiniment su-
périeurs dans l'échelle des races humaines. Le
continent noir serait-il destiné, dans les desseins
de la Providence, à recevoir le trop-plein de
l'Inde, dont le territoire ne suffit plus à nourrir
deux cents millions d'Hindous?

XXI

LE PAYS DES ZOULOUS

Le gouverneur intérimaire m'a remis à Maritzburg une lettre d'introduction pour M. Osborne, le commissaire britannique qui réside à Eshowe, et il m'a recommandé une promenade au Zoulouland comme le complément d'une excursion au Natal. Suivons donc le conseil de sir Seymour, et allons au pays de Cettiwayo.

Cette terre du Zoulouland, berceau de la race zouloue, dont le nom signifie « céleste », est située au nord du Natal, au delà de la rivière Tugela. C'est un territoire grand comme la moitié de la Belgique, circonscrit par l'Océan Indien, le Transvaal et le Natal, et comprenant l'ancienne réserve zouloue et environ les deux tiers du territoire qui fut restitué à Cettiwayo en 1883. Les Zoulous sont beaucoup moins nombreux au Zoulouland qu'au Natal, puisqu'on estime, d'après le nombre de huttes taxées, qu'ils n'y sont pas plus de 140.000, tandis qu'ils sont 400.000 dans la colonie ; mais ils y vivent chez eux, car, à part les officiers et les missionnaires, il est défendu aux Européens d'y résider.

La nation zouloue, sur laquelle la mort du prince impérial appela naguère l'attention du monde, n'était, au début de ce siècle, qu'un peuple faible et méprisé. Le génie militaire de Chaka, le Napoléon de l'Afrique Australe, la tira de l'obscurité. Il mit vingt ans à soumettre toutes les tribus voisines, et il les incorpora successivement à la nation zouloue, dont le petit noyau primitif devint un puissant peuple guerrier. Son frère, le féroce Dingaan, l'assassina et lui succéda, pour périr à son tour de mort violente après onze années de carnages et de massacres. Puis régna, jusqu'en 1872, Umpandé. L'année suivante, son fils Cettiwayo fut solennellement couronné roi des Zoulous avec l'assentiment des Anglais. Mais le nouveau roi, fidèle au système militaire de Chaka, se déclara bientôt l'ennemi résolu des blancs. Les Anglais, lui ayant envoyé un ultimatum qui resta sans réponse, entamèrent cette campagne fameuse où, après avoir essuyé au début de terribles revers, ils finirent par anéantir à jamais la puissance militaire des Zoulous, qui jusqu'alors avait été le cauchemar des colonies sud-africaines. Cettiwayo, vaincu et prisonnier, subit quelques années d'exil au Cap, puis il fut restauré à condition qu'il partagerait son ancien royaume entre plusieurs chefs. Mais après la mort de Cettiwayo, ces roitelets se montrèrent impuissants à main-

tenir chez eux l'ordre et la paix, et les Anglais
finirent en 1887 par déclarer leur pays territoire
britannique. Depuis lors, le gouverneur du Natal
est en même temps gouverneur du Zoulouland.
Le pays est administré par un commissaire
anglais qui réside à Eshowe, quartier-général
des troupes impériales, et l'ordre y est maintenu
par un corps indigène de police montée com-
mandé par des officiers européens. Dinizoulou,
fils et successeur de Cettiwayo, fit une tentative
de révolte en 1889; mais, condamné à dix ans
d'internement pour haute trahison, il fut jugé
digne du sort de Napoléon Ier, et il subit sa
peine à l'île Sainte-Hélène.

Telle est l'histoire de cette éphémère nation
des Zoulous, dont je repassais les faits dans
mon esprit au moment de prendre la route du
mystérieux Zoulouland.

Par une superbe matinée, j'ai pris le train de
Verulam, petite ville située dans le comté de Victoria, à trente kilomètres au nord de Durban, au
cœur de la région sucrière. Le train court pendant une heure et demie dans un pays charmant,
au milieu des plantations de cannes, au pied des
verdoyantes collines qui s'élèvent à peu de
distance de la côte. L'aspect du paysage est
franchement tropical : des bosquets de palmiers, de bizarres cactus arborescents alter-
nent avec les champs de cannes et de bananiers. A chaque station, on voit des brigades

de nègres et de coulies occupés au chargement des cannes que le chemin de fer transporte aux moulins à sucre. Les nègres paraissent beaucoup plus nonchalants que les coulies : ils ne font pas le quart de la besogne qu'ils pourraient faire. Voici un policeman indigène, qui déjeune tout en surveillant les travailleurs : il déjeune d'une canne à sucre, que ses dents blanches comme l'ivoire raccourcissent prestement ; quand il a fini, il tire de sa poche un mouchoir et se nettoie les mains. Ce Zoulou est évidemment un dandy. Le raffiné tire ensuite un cigare de l'ouverture percée dans le lobe de l'oreille, et le voilà le plus heureux des Zoulous.

La voie ferrée, qui sera prolongée un jour jusqu'à la rivière Tugela, s'arrête actuellement à Verulam, petite ville qui doit son nom aux Wesleyens de Saint-Alban qui l'ont fondée. Pour une livre sterling, on me laisse monter dans je ne sais quelle affreuse patache qui fait le service postal entre Verulam et la frontière du Zoulouland, un trajet d'une centaine de kilomètres : ce très primitif mail-coach est une petite charrette à deux roues, surmontée d'une tente, comme les chars à bœufs, et munie de deux banquettes disposées dos à dos, et pouvant recevoir chacune trois personnes, y compris le conducteur ; mais, dans certaines circonstances, le corps humain est doué d'une telle élasticité que nous ne sommes ni plus ni moins que huit voyageurs : le postillon, trois

dames, un monsieur, une petite fille accompagnée
de sa poupée, et un bébé. Nous voilà partis au
galop de six chevaux qui courent un train d'enfer,
franchissant quinze kilomètres à l'heure sur une
route qu'on peut peindre d'un mot en disant que
c'est une route africaine. Chaque fois qu'une des
deux immenses roues de la carriole tombe dans
un de ces trous perfides dont la route est criblée,
il en résulte des cahots et des oscillations si in-
vraisemblables, qu'on acquiert bientôt la conviction que cette carriole ne saurait verser, pas
plus qu'elle ne saurait se remplir. Et en effet voici, au premier relais, deux nouveaux voyageurs,
un blanc et une négresse. Quoiqu'il n'y ait plus
de place, on les embarque tout de même, et on
les loge tant bien que mal sur les bagages. Une
fois le coche parti, la négresse, dont les jambes
pendent dans le vide, du haut d'un sac sur lequel
on l'a hissée devant moi, se recule petit à petit,
et finit par échanger le sac avec mes genoux,
qu'elle trouve un siége plus commode. La route
n'est, tout le temps, qu'un fleuve de poussière, et
cette poussière, soulevée par flots, forme un nuage
mobile qui voyage avec nous : le nuage est si épais
que par moments nous ne voyons plus même les
chevaux. Pour résister aux cahots imprévus, je me
cramponne solidement aux montants de la tente,
la négresse se cramponne à moi, l'Anglaise se cramponne à la négresse. Il n'y a que les Anglaises
et les Zouloues pour affronter un tel supplice.

L'aspect du pays a complètement changé : depuis Verulam les cannes à sucre ont disparu, car les cultures ne s'étendent pas au delà de la zone des chemins de fer. Ce pays donne une meilleure idée de l'Afrique que tout ce que j'ai vu : c'est l'Afrique inculte et vierge, avec ses palmiers, ses grands cactus, ses aloës, ses arbres à tête ronde, et, çà et là, des huttes de bambous et de palmier. Et qui anime ce paysage ? Des Zoulous, non plus tels qu'ils se montrent dans les villes, vêtus et sans armes, mais tels qu'ils sont dans leurs kraals, cheminant nus, et armés de leurs arcs, de leurs assagaies, de leurs knobkerries. Il n'est pas rare de voir, sur le bord du chemin, se chauffant au soleil, un gros serpent ou un hideux lézard de deux pieds de long.

Et cette colonie du Natal vous apparaît alors sous son véritable jour : pour la bien connaître, il faut quitter la région habitée par les blancs, dont les villes, les chemins de fer et les cultures ne sont qu'un étroit ruban de civilisation tracé à travers une vaste contrée sauvage. Ici vous touchez du doigt ce fait visible que les indigènes pullulent de toutes parts, et que, par leur immense majorité numérique, ils sont les maîtres du pays : qu'ils le sachent ou non, ils vous le prouvent par leur présence. Et ce qui est vrai du Natal l'est aussi de l'Afrique australe et de tout le continent noir. L'Afrique, quoique sillonnée de courants de civilisation, n'est encore qu'un continent sauvage peuplé d'innombrables indigènes.

La route de Verulam au Zoulouland court, tout le temps, à une lieue de la mer, et cependant la mer reste constamment invisible, tellement le pays est accidenté ; les pentes succèdent aux pentes, et comme la route ne dévie jamais de la ligne droite, les chevaux franchissent descentes et montées avec une vitesse vertigineuse : rien ne les arrête, pas même les rivières qui, naturellement, n'ont jamais de ponts. A mi-chemin, on franchit la grande rivière Umvoti, aussi large que la Loire : heureusement, les eaux sont basses en cette saison, et comme les roues du coche sont immenses, les chevaux seuls prennent un bain. C'est un spectacle pittoresque que de voir les indigènes, hommes et femmes, franchir ces rivières à gué, portant sur la tête leur petit bagage. Sur un parcours d'une vingtaine de lieues, on ne rencontre qu'un seul village, Stanger, fondé, comme son nom l'indique, par des colons norwégiens. C'est là que descendent tous les voyageurs, avec un missionnaire norwégien que nous avons pris en route. Le village se compose d'une église, d'une école, d'un bureau de poste et de quelques échoppes où l'on vend des peaux de chat-tigre dont les Zoulous se font des couvertures.

Il nous reste sept lieues à parcourir jusqu'au

fort Pearson. Le temps de changer les chevaux, et nous voilà de nouveau sur la route du Zoulou-land, devenue plus mauvaise que jamais. Au coucher du soleil, le ciel, depuis longtemps sombre et menaçant, s'illumine d'éclairs qui sillonnent la nue dans tous les points de l'espace. Pendant toute la journée la chaleur a été accablante, et maintenant de sourds grondements annoncent l'approche de l'orage, qui se déchaîne bientôt avec une violence inouïe. Pendant une heure entière, une véritable trombe d'eau s'abat sur la toile de la tente avec un bruit que domine la grande voix du tonnerre; on a beau rabattre la bâche, la pluie nous inonde de tous côtés. Les coups de foudre se succèdent avec une effrayante continuité, et les chevaux, talonnés par la peur, nous entraînent avec une vitesse vertigineuse au milieu des éclairs et des détonations. Mais ce n'est qu'un orage des tropiques, et le calme succède à la tempête comme par enchantement.

Il fait nuit quand nous arrivons au dernier relais. Seul avec le postillon, nous filons toujours au triple galop, malgré l'obscurité. C'est l'heure où mille réflexions assiégent l'esprit du solitaire voyageur qui pense aux siens qu'il a laissés si loin pour courir sur les chemins du Zoulouland. Vers six heures du soir, un ruban d'argent a brillé dans la nuit, au fond d'une profonde vallée. C'est la Tugela. Une demi-heure après, nous arrivons au terme du voyage, brisé, meurtri, couvert de bosses et de plaies, et heureux de nous reposer dans une maison de bois qui est la maison de poste et qui constitue à elle seule le village-frontière de Lower-Tugela. L'unique chambre des voyageurs n'a d'autre plancher que la terre battue ; les carreaux de la fenêtre sont absents, et de tous côtés il y a des trous minés par les insectes, donnant accès aux rats, et, ce qui est pis, aux serpents. Je soupe avec le postillon et le maître de poste qui a pêché, dans la Tugela, un poisson à queue de crocodile, qu'il appelle « serpent de mer ». Le plat de résistance est un poulet si dur que je me casse une dent à vouloir le manger.

Après le souper, il fait bon rêver à la belle étoile. Une admirable nuit d'été, chaude et embaumée, tout comme si nous n'étions pas au cœur de l'hiver. La Croix du Sud brille d'un éclat incomparable. L'immense concert d'insectes est dominé par le cri sinistre d'un oiseau qui imite à s'y méprendre le hurlement du chacal. Le coassement des grenouilles annonce la proximité des marais et des fièvres.

De bonne heure le chant du coq me réveille. Promenade matinale à la rivière, où l'on descend par un ravin s'ouvrant dans la forêt vierge : de gigantesques figuiers multipliants, de gros arbres indigènes au tronc noueux, des bananiers sauvages, et une foule de plantes que je n'ai jamais vues, et qui portent des fleurs d'un coloris merveilleux. Mille oiseaux dont j'entends pour la première fois les cris étranges animent cette luxuriante végétation africaine. Les herbes, encore humides de l'orage d'hier, cachent des reptiles que j'entends fuir, mais que je ne puis apercevoir.

J'arrive ainsi au bord de la Tugela, qui forme la frontière naturelle du Natal. Ici, à deux lieues de son embouchure, c'est une imposante rivière, d'une largeur de deux cents mètres, profondément encaissée entre des montagnes à pic. Mais dans cette saison sèche, l'eau est si basse que les Zoulous la passent à gué, et que les transports d'une rive à l'autre se font dans des chars à bœufs. J'arrive juste pour assister à une scène de ce genre, que l'entêtement des bœufs, combiné avec les cris des Zoulous, rend aussi amusante qu'animée. C'est à grand renfort de cris et de coups de fouet — des fouets de douze mètres de long ! — que les Zoulous parviennent à faire descendre de la berge dans le fleuve le lourd chariot attelé de dix-huit bœufs et à le hisser ensuite sur la rive opposée, ce qui est la plus grosse difficulté.

La Tugela est une des rivières les plus pittoresques de l'Afrique australe : elle prend naissance au Mont aux Sources, une des plus hautes cimes du Drakensberg, d'où elle se précipite dans le Natal par une chute verticale de cinq cents mètres ; puis elle s'élance dans des gorges profondes, à parois sourcilleuses, rappelant les cañons du Colorado, forme de nombreuses cataractes, trace des courbes fantastiques, et se jette dans l'Océan Indien après un cours tortueux de quatre-vingts lieues. Comme la plupart des rivières du Natal, elle n'est nulle part navigable. Ses eaux sombres ont été souvent rougies par les massacres en masse opérés sur ses rives par les Cetiwayo, les Dingaan et les Chaka. En langue zouloue, la Tugela est la « rivière qui inspire l'effroi », et son nom fatidique revient sans cesse dans l'histoire sanglante de la monarchie zouloue.

A une lieue en amont du gué qui sert aux communications entre le Natal et le Zoulouland, la Tugela forme des chutes qu'on m'a recommandé d'aller voir. La rivière est si profondément encaissée qu'il est impossible de la côtoyer : aucun sentier le long de ses rives à pic. Pour arriver aux chutes, il faut donc gagner le plateau. Dans ce but je m'engage dans un petit chemin étroit, infesté de fourmis, vrai sentier africain, tracé par les indigènes à travers une bizarre végétation d'euphorbiacées, d'aloës, de palmiers. Le sentier ne tarde pas à disparaître dans les hautes herbes, et il faut ici marcher avec prudence, de peur de mettre le pied sur les serpents que j'entends à chaque minute se sauver à mon approche, sans que, la plupart du temps, il soit possible de les voir : je n'ai pu en surprendre qu'un seul, de deux pieds de long, au moment où il disparaissait dans son gîte. Instinctivement, on cherche dans les grands arbres le fameux python, le boa du Natal (*Hortulia Nataliensis*), qui n'a pas moins de vingt pieds de long, et qui étouffe sa proie en l'enlaçant de ses anneaux.

Tout en errant ainsi à l'aventure, observant les points de repaire pour ne point m'égarer dans ce pays si montueux et si compliqué, je retrouve bientôt un sentier qui mène à une enceinte carrée clôturée d'une haie, et dans laquelle une demi-douzaine de huttes rondes sont disposées sur la terre battue. C'est un kraal zoulou : entrons y pour nous renseigner. Les indigènes, très surpris, me regardent d'un air soupçonneux, et l'un d'eux, le seul qui sache un peu d'anglais, me demande : « Where do you come from? D'où venez-vous ? » En ce moment survient un métis, qui semble être le chef reconnu : il me dévisage effrontément, et pousse l'impudence jusqu'à me demander mon nom, tout en regardant obstinément ma poche, où je dissimule un revolver. Il ne change de contenance que quand je lui donne du tabac, et consent alors à m'indiquer la direction des chutes.

Le saut de la Tugela, que j'aperçois bientôt de loin, est d'un accès assez difficile. Comme la rivière est très basse, les grandes dalles plates qu'elle couvre en été sont à sec : il faut donc sauter d'une dalle à l'autre, au risque de tomber dans les

mares d'eau où gîtent peut-être les crocodiles ;
mais quoiqu'on m'ait averti que ces sauriens
sont nombreux en cet endroit, je n'en ai pas
aperçu un seul. Dans cette saison les chutes sont
fort maigres : ce sont à peine des rapides; mais
on s'imagine combien plus belle doit être la scène
en été, quand la Tugela, grossie par les pluies,
déborde de son lit actuellement presque à sec.
Ce doit être alors un spectacle aussi grand que
les cataractes du Nil.

En revenant des chutes, j'ai rencontré, se chauffant au soleil, sur les rochers, un monstrueux
iguane de quatre pieds de long. Cette promenade
pédestre, par un soleil ardent, m'a mis tout en
nage, et je me suis reposé l'après-midi à Lower-
Tugela, m'amusant avec un joli petit singe du
pays, d'un gris cendré, aux grands yeux vifs et
intelligents, adorant les caresses, et très drôle
lorsqu'il agace un jeune chien très gauche auquel
il joue les tours les plus pendables.

Après avoir exploré la rive natalienne de la
Tugela, allons voir ce qui se passe au Zoulouland,
de l'autre côté de la rivière. Mon désir est de
me rendre à Eshowe, résidence du commissaire
Osborne; mais personne n'a pu me renseigner
sur les moyens d'y arriver. Emportons des provisions, passons la rivière, et nous verrons.

C'est dans une lourde embarcation indigène,
conduite par un Zoulou qui manie habilement l'avi-

ron, que je gagne la rive opposée. J'y cherche vainement le fort Tenedos, indiqué sur ma carte comme faisant face, sur la rive zouloue, au fort Pearson, sur la rive natalienne. N'apercevant pas une seule habitation ni un seul être humain, je ne trouve rien de mieux que de suivre la route des chars à bœufs et la ligne télégraphique par lesquelles le conquérant s'est assuré des communications avec Eshowe, capitale du pays conquis. Au sortir de l'Afrique des blancs, me voici dans l'Afrique des noirs, me promenant le bâton à la main en terre zouloue. La route s'élève rapidement vers le haut plateau intérieur, et j'atteins bientôt le faîte de la première croupe montagneuse d'où l'on domine le cours tourmenté de la Tugela et d'où le regard erre à la fois sur le Natal et sur le Zoulouland.

Le contraste est indicible. Les deux contrées que sépare la Tugela ont la même configuration physique, c'est le même écheveau compliqué de plateaux et de dépressions, de montagnes aux croupes arrondies et de vallées tortueuses, mais les deux contrées portent une livrée bien différente : d'une part, c'est l'Afrique sauvage et inviolée, d'autre part l'Afrique transformée par la conquête blanche ; d'une part un peuple pasteur et guerrier, à demi nomade, d'autre part des villes et des villages édifiés par l'Anglo-Saxon et l'Hindou. Du haut du plateau, le Zoulouland m'apparaît comme un océan de croupes dénudées, s'abaissant vers la ligne bleue de la grande mer des Indes qui se profile à l'horizon. Ce morceau de l'Afrique, qui pourrait être un Eden, a l'aspect d'un désert. Dans nos contrées civilisées, l'œil qui plane d'un point élevé aperçoit toujours quelque trace de l'homme, des champs cultivés, des habitations ; ici, à part la route des chars à bœufs et la ligne des poteaux du télégraphe, aucun indice de civilisation : pas une culture, pas une maison, pas même un arbre, sauf au fond des ravins. Sur cette stérilité complète plane un silence étrange : il n'y a d'autre oiseau que l'aigle qui décrit dans les airs ses orbes immenses, et un grand corbeau blanc, qui jette, de temps à autre, un cri lugubre. Non, jamais je ne me suis senti si loin de l'Europe que sur ce solitaire plateau du Zoulouland !

Mais dans les vallées qui s'ouvrent entre les plateaux on retrouve la végétation des tropiques: le palmier, le bananier, et surtout le kafirboom ou arbre cafre (*Erythrina Caffra*), cet arbre singulier qui verdit en été et fleurit en hiver : la première fois que je le vis, je ne pouvais en croire mes yeux, le voyant entièrement dépouillé de ses feuilles et portant une splendide floraison de bouquets d'un rouge écarlate.

Sur cette route d'Eshowe, qui est la grande route du Zoulouland, j'ai rencontré beaucoup d'indigènes qui semblaient assez surpris de voir un blanc se promener tout seul à pied dans leur pays encore presque entièrement fermé aux Européens. Ils ne manquaient point, du reste, de saluer selon leur formule habituelle : *Sakou bona* (nous t'avons rencontré). Au Natal les Zoulous sont plus ou moins vêtus, mais sur leur territoire ils circulent absolument nus, à peine une mince lanière en peau de léopard qui dissimule fort mal ce qui doit être dissimulé. Si leur costume est plus que sommaire, en revanche ils sont toujours armés comme s'ils allaient en guerre, portant un arsenal d'assagaies et de knobkerries qui ajoute à leur air martial et imposant. Les femmes, n'ayant pour tout vêtement qu'un pagne en ſpeau de mouton, portent leurs bambins sur le dos, emmaillottés de peaux. Souvent on les voit cheminer, chargées de lourds fardeaux, à côté de leur seigneur et maître, qui croirait se dégrader en portant autre chose que ses armes. Chez ce peuple militaire, l'homme est fait pour les travaux de la guerre, la femme pour les travaux domestiques. Ce n'est qu'en Zoulouland que j'ai vu les hommes faits se ceindre la tête d'un brillant anneau noir, qu'ils confectionnent avec diverses substances dans lesquelles entrent des pigments et de la terre empruntée aux monticules édifiés par les fourmis, le tout si bien agencé, si bien durci, qu'on dirait de la corne de buffle : les hommes mariés ont seul le privilége de porter ce diadème, symbole de la virilité, auquel ils donnent le nom de « *isicoco* ».

Une scène qui se répète sur cette grande route
commerciale du Zoulouland comme dans toute
l'Afrique Australe, ce sont les longs convois de
chars à bœufs qui transportent à Eshowe les
marchandises du Natal et du Transvaal. Les interminables attelages sont conduits par des Zoulous
qui poussent constamment des cris bizarres, tels
que n'en peut produire qu'un gosier nègre. S'ils
ont dix-huit bœufs à mener, chaque bête a son
nom propre, en sorte qu'il ont dix-huit cris divers pour l'édification spéciale de chacune d'elles;
je ne sais si les bœufs les comprennent, mais ils
paraissent parfaitement indifférents à la voix du
conducteur, et ils s'en vont de leur pas flegmatique, beuglant à qui mieux mieux et tirant par
monts et par vaux les gros chariots gémissants
et craquants, construits, sans l'aide d'un seul
clou, en bois de *stinkvood* (*laurus bullata*), l'es-
sence la plus résistante du pays.

Sur cette route des chars, on ne voit ni une
maison ni une hutte. Ce n'est pas que le pays
soit désert et inhabité; les kraals, ou villages zoulous, sont même assez nombreux dans le voisinage, mais jamais on ne les trouve le long de la
route : ils sont toujours établis à quelques centaines de mètres de distance, généralement sur le
revers d'une montagne, et on y arrive par d'é-
troits sentiers de bestiaux qui les relient à la
route. Le kraal se compose d'un petit nombre
de huttes, dix ou vingt au plus, rangées dans une

enceinte de terre battue clôturée par une haie.
Chaque hutte est soumise à une taxe annuelle
de quatorze shellings. Ces huttes, au lieu d'être
de forme conique, comme chez d'autres peuplades africaines, sont rondes comme des ruches,
et la construction en est fort simple. On plante
verticalement dans la terre une rangée circulaire
de branches qu'on recourbe de façon à les faire
converger vers un même point pour former le
support du toit; puis on construit un entrelace-
ment de branches horizontales, et on consolide
la charpente avec des lianes; enfin on tapisse le
tout de gazon, ce qui est l'ouvrage des femmes,
et la case ainsi édifiée offre un excellent abri
contre la pluie, le soleil et le froid.

Au risque d'être mis en pièces par les chiens
hargneux qui défendent l'accès des kraals, j'ai
voulu en voir un de près, et je me suis dirigé, le
bâton à la main, vers un village d'une douzaine
de huttes. En y entrant, j'ai été attaqué par les
chiens, mais je les ai tenus en respect par un vigoureux moulinet, et suis arrivé auprès d'une
case devant laquelle deux ou trois familles indigènes formaient un groupe pittoresque, les femmes paresseusement couchées sur le ventre, les
hommes accroupis sur les talons et occupés à se
faire mutuellement la toilette compliquée de leurs
têtes : l'un d'eux polissait consciencieusement
l'*isicoco* de son voisin, de façon à donner à l'anneau de tête le brillant du jais.

Les Zoulous demeurent tout ahuris de l'intrusion du blanc chez eux, et à leur première stupeur succède bientôt un éclat de rire, mais un rire si sonore, si franc et si joyeux, que cela me gagne aussi. Et du coup nous sommes amis. Je m'informe en anglais de leur santé, ils me répondent en zoulou, langue aussi riche que l'espagnol en voyelles et en gutturales ; je leur réplique en français, et il faut croire qu'ils n'ont jamais entendu un langage aussi drôle, car cette fois c'est surtout chez les femmes un rire inextinguible ; l'une d'elles, la plus jeune et la plus jolie, est obligée de s'asseoir pour donner libre cours à son hilarité ; son costume se compose d'un pagne en perles et d'un collier : au moyen du langage des gestes, je la décide à détacher, avec une petite moue, son collier, qu'elle me cède pour six pence, et à la vue de la petite pièce d'argent, ses grands beaux yeux, qui vous regardent en face, rayonnent de contentement.

La belle race que ces Zoulous ! Les beaux corps bronzés ! Des chairs fermes et bien potelées, un torse d'un galbe admirable, des épaules et des membres d'une beauté sculpturale, d'un profil presque classique. Et puis, les bonnes figures rieuses ! Un rire franc et clair, coulant comme une pluie de perles d'une bouche qui s'ouvre toute large et où brillent de splendides rangées de dents d'un blanc d'ivoire. En vrais enfants de la nature, *ils sont peu frileux, et ils sont, pour* la plupart, nus de la tête aux pieds, sauf le pagne en peau ou en perles, la seule concession qu'ils fassent aux Européens. Chez les femmes mariées, le costume est un peu moins sommaire : elles portent une couverture de laine aux vives couleurs, qu'elles passent sous le bras gauche et ramènent sur l'épaule droite, laissant le haut du corps à découvert. Elles n'ont la grâce et la beauté que dans la première jeunesse, et elles vieillissent avant l'âge, à cause des rudes travaux dont leurs maris se déchargent sur elles, et comme elles ont l'habitude de porter leur nourrisson sur le dos, on les voit souvent rejeter leurs seins déformés par-dessus leur épaule pour allaiter leur progéniture. Les hommes affectionnent autant que les femmes les colliers de perles et les bracelets de métal; ils ont la singulière habitude de se perforer le lobe de l'oreille d'une large ouverture dans laquelle ils passent un roseau creux leur servant de tabatière; dans leur épaisse toison chevelue, ils placent, comme dans un magasin portatif, toutes sortes d'objets disparates, des bâtons pointus, des cuillers en ivoire, de petites vessies gonflées d'air, et mille autres futilités dont eux seuls connaissent les usages compliqués. Rien de plus varié que leurs coiffures : l'un s'enduit les cheveux de beurre, un autre se les teint avec de la terre rouge, celui-ci les tresse en cordelettes, celui-là les dispose en forme de casque, de mitre ou de quelque autre

TYPE ZOULOU

UNE FEMME MARIÉE

édifice bizarre. Il faudrait beaucoup de temps pour décrire consciencieusement tous les genres de coiffures artistiques auxquelles se prêtent les têtes zouloues.

Voulant voir l'intérieur d'une case, j'ai fait comprendre à un vieux bonhomme paraissant être un *induna* (chef) que j'avais soif et que je désirais boire. Il m'a alors invité à entrer dans sa case, où je me suis introduit en rampant par une porte très basse, qui constitue l'unique ouverture. Sur le plancher en terre battue il n'y avait d'autre mobilier que de petits oreillers de bois et de primitifs ustensiles de cuisine. Le feu se fait dans un trou creusé au milieu de la hutte, et la fumée s'échappe par la porte. Dans un coin de la case sont empilées les couvertures dans lesquelles les Zoulous se roulent pour dormir sur le sol. Pour compléter l'inventaire du mobilier, mentionnons une pierre sur laquelle une femme pétrissait du maïs, et qui m'a rappelé le « metate » des anciens Astèques, avec lequel les Indiennes du Mexique confectionnent leurs « tortillas » ou galettes de maïs. Le chef m'a offert, dans un vase de bois très propre, l'excellente bière indigène, l'*utyuala*, que les Zoulous fabriquent avec l'*amabélé*, sorte de millet qui forme la base de leur nourriture.

J'ai payé l'hospitalité de ces braves sauvages par une distribution de cigares et de tabac dont ils ont paru enchantés, et j'ai poursuivi ma route jusqu'au sommet du deuxième plateau. Je planais de là, à vol d'oiseau, sur une immense étendue de pays, depuis l'Océan Indien jusqu'au mont Isandhlwana, au pied duquel tout un régiment anglais fut massacré jusqu'au dernier homme par les Zoulous, en 1879. A perte de vue je pouvais suivre la ligne des poteaux télégraphiques, dans la direction d'Eshowe, dont je devais être en ce moment à quatre ou cinq lieues ; mais pour y atteindre, il m'eût fallu un cheval. J'eusse donné tout le Zoulouland pour un cheval. Je marchais depuis trois heures sous un soleil ardent, sans espoir de rencontrer un autre gîte qu'un kraal, et plutôt que de m'épuiser en une impossible expédition pédestre, je repris la route de la Tugela, que je repassai à cinq heures du soir, au soleil couchant.

Le lendemain j'étais de retour à Durban.

XXII

MES DERNIERS JOURS AU NATAL

Situé sous un courant équatorial, Durban a des chaleurs torrides, même en hiver, et pendant les heures de soleil la température y est plus élevée qu'en Europe au cœur de l'été. Imitant les Anglais qui, pour fuir les chaleurs de la ville, recherchent les frais ombrages de la Berea, j'ai quitté le *Royal Hôtel* pour aller m'installer à la campagne et jouir de l'air pur et élastique des plateaux. J'avais songé d'abord à m'établir à Pinetown, joli village situé à une demi-heure de chemin de fer, sur une hauteur qui jouit d'une grande réputation de salubrité. Ses habitants se vantent de ce que depuis douze ans on n'y a pas enterré un homme. Je n'ose garantir l'exactitude du fait, mais ce qui est authentique, c'est le mot d'un habitant de la colonie rivale —un *Cape colonist* — qui répliquait sans s'émouvoir qu'il y avait chez lui un village tellement salubre qu'on avait dû tuer un homme pour inaugurer le cimetière. C'est dans les environs de Pinetown que des Trappistes autrichiens ont fondé le célèbre monastère de Marianhill où, à côté des ateliers où ils initient les noirs aux différents métiers agricoles, ils ont établi des écoles pour l'instruction des enfants indigènes. Ces religieux jouissent ici, dans cette colonie protestante, d'autant de liberté que de considération et de bienveillance, et c'est un témoignage à rendre au sens pratique des Anglais qu'ils comprennent la bienfaisante influence de l'élément religieux sur la prospérité de leurs colonies.

J'ai donc pris le train pour Pinetown. Le charmant voyage ! A peine a-t-on quitté la gare de Durban, — ou plutôt la future gare, qu'on est en train de construire, — qu'on s'engage au milieu des verts coteaux de la Berea semés de blanches villas. Puis, voici les villages de la banlieue de Durban, dont les jolis noms indigènes sonnent à l'italienne : Congella, assise au bord de la baie intérieure, village de coulies avec sa petite mosquée hindoue; Oumbilo, où la voie commence sa rude ascension vers le plateau, à travers les bouquets de bambous, les palmiers et les fougères arborescentes. Les courbes succèdent aux courbes, et comme il n'y a point d'alignements droits de l'une à l'autre, il en résulte des chocs brusques et inattendus. Le paysage a un tout autre aspect qu'aux environs de Cape-Town. Au cap de Bonne-Espérance, c'est une nature austère, qui fronce le sourcil; ici, c'est une nature douce et bienveillante, attrayante comme un

sourire de jeune fille; à perte de vue, ce sont
des collines et des vallées pleines de verdure et
de soleil, avec des cultures d'ananas, de cannes
à sucre, de bananiers, de caféiers. Nous sommes
en hiver, et cependant les orangers et les citronniers sont chargés de leurs fruits d'or. Un vrai
jardin des Hespérides ! Et à chaque station, à
l'ombre des lauriers roses, des coulies aux costumes multicolores, et de pittoresques groupes
d'hommes et de femmes indigènes, vêtus tout
simplement de colliers et de ceintures de perles.
J'achète à une Indienne, pour six sous, un ananas et une douzaine de bananes. Les oranges
coûtent quatre sous le cent !

J'arrive enfin à Pinetown, ainsi nommée en
l'honneur d'un gouverneur de la colonie qui s'appelait Pine. Comme le village est entouré de
cultures d'ananas (pine-apple), on peut traduire
aussi « la ville des ananas ». J'avise, tout près
de la gare, l'Impérial Hôtel, mais on refuse de
m'y recevoir, parce qu'il n'y a plus de place, *No
room, sir !* De là on m'envoie à une pension, et
ici encore, *no room, sir !* Je retourne assez
penaud à la gare, avec l'intention de regagner
Durban, quand le chef de station m'apprend
qu'il y a un excellent hôtel à Northdene, la station
prochaine. J'ai trouvé là, en effet, à trois quarts
d'heure de Durban, un hôtel-villa, situé dans
un parc séculaire, où de grands eucalyptus, de
nobles magnolias et des lauriers-camphriers dis-

tribuent leur ombre, leur fraîcheur et leurs parfums, où des orangers, des citronniers et des bananiers plient sous le poids de leurs fruits.

C'est dans cette adorable solitude que j'ai passé les derniers jours de mon séjour en Afrique australe, dans l'attente du paquebot pour Maurice, faisant de délicieuses promenades matinales dans le parc avant de prendre le train de Durban, puis, au retour de la ville, allant rêver, au coucher du soleil, dans une sauvage vallée voisine au fond de laquelle coule un clair torrent sous une luxuriante voûte de verdure. On y descend par un sentier de bestiaux frayé à travers une forêt vierge peuplée de mille oiseaux dont les cris bizarres et inconnus frappent l'oreille par leur nouveauté : il en est un qui imite à s'y méprendre le glou-glou d'une bouteille. Plus d'une fois je me suis rencontré sur ce sentier avec un majestueux troupeau de bœufs sortant d'un kraal voisin et allant s'abreuver à la rivière à la chute du jour. Quelle admirable scène pastorale dans ce splendide cadre africain !

Un jour le télégraphe m'appella à Durban. Le paquebot sur lequel je voulais m'embarquer pour l'île Maurice était signalé, et l'heure était venue de dire adieu à l'Afrique Australe (1).

(1) Le voyage à l'île Maurice fera l'objet d'un second volume qui paraîtra sous le titre : « Au pays de Paul et Virginie. »

FIN

TABLE DES MATIÈRES

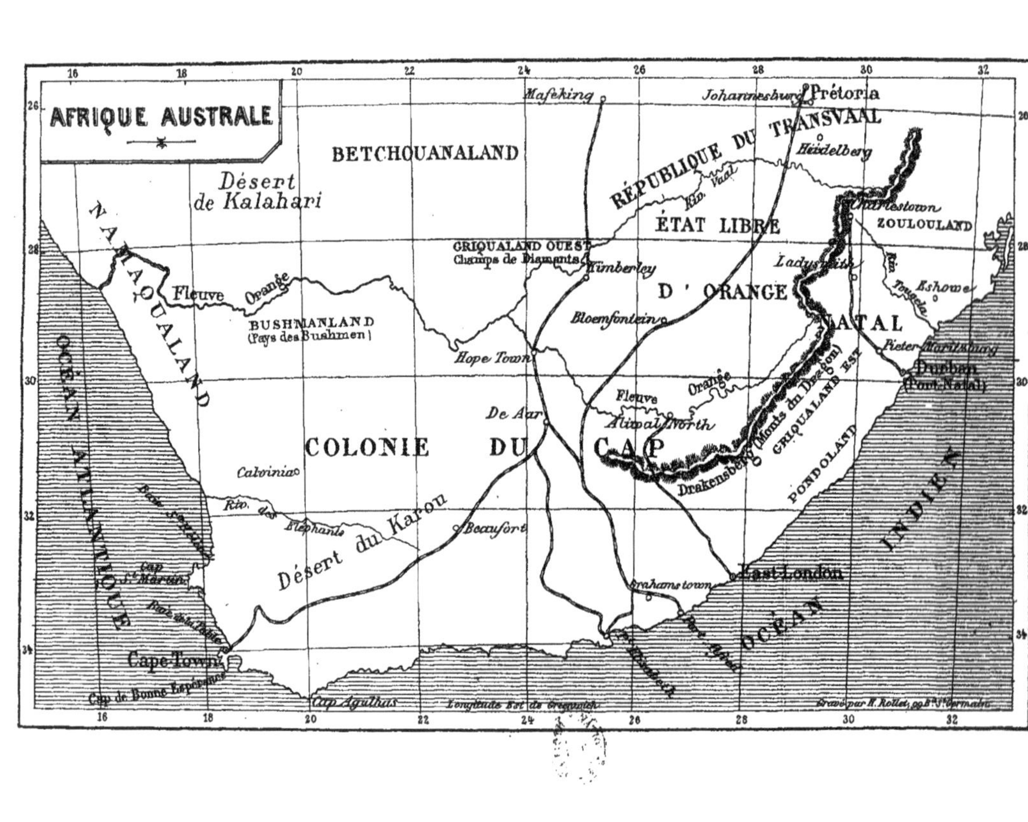

AFRIQUE AUSTRALE
16 18 20 22 24 26 28 30 32
Mafeking
Johannesburg Prétoria
BETCHOUANALAND
RÉPUBLIQUE DU TRANSVAAL
Désert de Kalahari
Heidelberg
NAMAQUALAND
ÉTAT LIBRE
Charlestown
ZOULOULAND
GRIQUALAND OUEST
Champs de Diamants
Kimberley
Fleuve Orange
Ladysmith
Eshowe
BUSHMANLAND
(Pays des Bushmen)
D'ORANGE
NATAL
Bloemfontein
OCÉAN ATLANTIQUE
Hope Town
Pieter Maritzburg
Durban
(Port Natal)
De Aar
Fleuve Orange
Aliwal North
GRIQUALAND EST
Calvinia
COLONIE DU CAP
Drakensberg (Monts du Dragon)
PONDOLAND
OCÉAN INDIEN
Riv. des Éléphants
Cap St Martin
Désert du Karou
Beaufort
Grahams town
East London
Baie de la Table
Cape Town
Cap de Bonne Espérance
Cap Agulhas
Longitude Est de Greenwich
Gravé par R. Rollet, 99 B St Germain

www.ingramcontent.com/pod-product-compliance
Ingram Content Group UK Ltd.
Pitfield, Milton Keynes, MK11 3LW, UK
UKHW020725120726
13693UKWH00001B/170